신은 우리에게 낮잠이라는 선물을 주었다

일러두기

- 표지에 사용된 그림은 폴 세자르 엘뢰(Paul César Helleu, 1859~1927) 작가의 〈블레넘 궁전에서 낮잠을 자고 있는 말버러 공작부인(The Duchess of Marlborough Dozing Off at Blenheim Palace)〉입니다.
- 본문에 사용된 유화 그림은 제미나이(Gemini 3.0) 나노바나나 프로를 활용하여 창작된 그림입니다.

PETITE PHILOSOPHIE DE LA SIESTE by Sébastien Spitzer
© Editions de la Martinière, une marque de la société EDLM, Paris, 2025

This Korean edition was published by
Hankyung Magazine&Book Inc. in 2026
by special arrangement with EDLM in conjunction with their duly
appointed agent 2 Seas Literary Agency and co-agent Sienna Jo Agency

신은 우리에게 낮잠이라는 선물을 주었다

세바스티앵 스피처 지음

이주영 옮김

프런티어

3장 낮잠이라는 반항

1

몸은 이미
알고 있다

갑작스러운 허리 통증으로 얻은 교훈:

최고의 의사는 우리 몸

철학가이자 작가이며 기자인 그 남자는 나름대로 장대한 포부를 품고 20년 가까이 〈철학 잡지Philosophie Magazine〉를 펴내고 있다. 그 남자의 이름은 알렉상드르 라크루아Alexandre Lacroix. 도서전이나 저녁 식사가 마련된 작가들의 세미나에서 그를 가끔 마주치곤 한다.

그날도 작가들과 저녁 세미나를 하고 있었다. 세미나가 열린 시테섬에서는 노트르담 드 파리 대성당이 한눈에 보였다. 유쾌한 유머와 격식을 차린 말이 오가는 세미나에서 나 역시 알렉상드르와 대화를 나누었다. 주제가 무엇이었는지는 잘 기억나지 않지만, 그가 내린 결론은 인상적이라 기억에 남았다. "의지만 있으면 어떤 어려움도 꺾을 수 있죠." 그렇게 우리는 이야기를 나누며 와인병을 차례로 비웠다. 세미나는 그렇게 끝났다.

알렉상드르를 다시 본 것은 세미나장 바깥에서였다. 그는 자전거에 올라타 있었는데 꽤 난감한 상황인 것 같았다. 자전거 타이어 하나에 바람이 빠져 있었기 때문이다. 그야말로 완전히 펑크가 나 있었다. 나는 약간 비꼬는 말투로 그를 응원했다. "힘내요! 의지만 있으면 어떤 어려움도 꺾을 수 있잖아요!"

고군분투하는 그를 보니 웃음이 나왔다. 그는 겨우 자전거를 몰며 완만하게 경사진 길을 계속 갔다. 페달에 발을 고정한 채 엉덩이를 들고 몸을 기울여 좌우로 흔드는 그의 모습은 자전거 좀 탄다는 사람들의 표현을 빌리자면 영락없이 '엉거주춤함' 자체였다.

그로부터 몇 주 후, 이번에는 내가 곤란한 상황의 주인공이 됐다. 브르타뉴에 도착해 휴가 첫날을 보내려 하던 중, 사이다 상자를 옮기다가 허리를 삐끗하고 만 것이다. 갑자기 등허리에 칼이라도 꽂힌 듯한 통증이 몰려왔다. 허리가 90도로 꺾인 채 끔찍한 밤을 보내야 했다.

다음 날 아침, 허리 통증 전문 치료사와 약속을 잡았다. 여성 치료사는 어쩌다가 이렇게 됐냐며 몇 가지 질문을 했다. 너무 괴로웠다. 격무에서 벗어나 좀 쉬고 싶어서 얼마나 손꼽아 기다린 휴가였던가… 치료사의 지시에 따라 침대에 엎드렸다. 치료사는 단단히 삔 내 허리를 부드럽게 어루만지며 이렇게 말했다. "허리가 완전히 나갔네요. 용케 잘 참으셨어요. 침대를 꼭 붙들고 계세요. 금방 고쳐드릴 테니까요."

치료사의 손에 모든 것을 맡긴 채 나는 고개만 끄덕였다. 바쁜 스케줄과 압박감, 그에 이어 휴가 첫날이 갑자기 떠오르면서 등골이 오싹해졌다. 자전거를 타던 알렉상드르의 모습이 겹쳤기 때문이다.

"전에 어느 철학가 친구가 해준 말이 신기하게도 그대로 맞아떨어졌네요. 그 친구가 '의지만 있으면 어떤 어려움도 꺾을 수 있다'라고 했거든요. 제 이야기였어요. 눈코 뜰 새 없는 스케줄 속에서 압박감을 느꼈지만 정신력으로 버텨왔어요. 그런데 의지만 있으면 허리마저도 꺾을 수 있다는 게 신기하군요."

치료사는 내 머리를 젖히고는 목을 움직여보라고 한 다음, 내 말에 태클을 걸었다.

"이번에 허리를 삔 것은 의지와 아무 상관이 없어요. 그보다는 생활 방식 때문에 허리가 완전히 꺾인 것 같은데요? 몸도 버티는 데 한계가 있거든요. 그런데도 사람들은 몸에게 더 힘을 내라며 압박하고 혹사해요. 그렇게 몸에게 항상 더 많은 일을 강요해요. 심지어 잠자는 시간도 아깝다며 몸에게 밤잠도 줄이라고 하죠. 어느 순간, 몸이 더는 버티지 못하겠다며 좀 봐달라고 애원합니다. 애원이 먹히지 않으면 결국 몸은 강제로 휴식을 받아냅니다. 생활 방식 때문에 모든 것이 꺾이는 순간이죠."

나는 침대에 누워서 치료사의 말을 계속 곱씹었다.

치료는 끝났지만 허리는 여전히 아팠다. 그래도 확실히 처음보다는 통증이 덜했다. 치료비를 정산하던 치료사가 주의 사항이 적힌 종이쪽지를 건네주었다. '1주일간은 짐을 들지 말 것. 몸에 수분을 충분히 줄 것. 특히 매일 낮잠을 충분히 잘 것.'

"맞아요, 낮잠! 정말 중요해요. 몸이 다시 정상으로 작동할 겁니다. 몸이 생기를 찾으면 아픈 것이 모두 나아요."

생활 방식을 고치지 않는 한 의지만으로 할 수 있는 것은 없다. "생활 방식이 모든 것을 꺾는다." 놀랍게도 정골 요법osteopathy(근육 조직과 뼈가 물리적으로 제

자리를 잡게 하는 대체의학 요법-옮긴이)의 아버지로 불리는 사람이 한 말이다.

정골 요법을 개척한 앤드루 테일러 스틸^{Andrew Taylor Still}은 약 200년 전인 1828년, 버지니아주 리 카운티에서 태어났다. 목사이자 의사인 아버지 밑에서 자란 앤드루는 남북전쟁 때 의사로 일했다. 아내는 출산 후 세상을 떠났고 아이 넷은 모두 뇌막염에 걸렸다. 어떤 약도, 어떤 의술도 아이들을 구해주지 못했다. 결국 아이들 모두 저세상으로 떠나고 말았다. 그 후 앤드루는 치료와 기도를 하며 시간을 보냈다. 그는 의사라는 직업이 무엇인지 깊이 생각했고, 과학과 약의 효능에 의문을 품었다.

세월이 흘러 마침내 그는 '몸은 지혜롭다'라는 확신을 얻었다. 그의 자서전에서 이런 깨달음을 확인할 수 있다.

생명 유지에 필요한 치료법은 전부 우리 몸 안에 있다.*

앤드루는 깨달음으로 만족하지 않았다. 자연 치유법을 가르치는 학교를 세워 치료 전문가들을 길러냈다. 자연 치유법은 아픈 원인을 찾고 몸 안에서 문제점을 고쳐가는 것을 말하며, 휴식도 그중 하나다.

몸에게 모든 것을 맡긴다. 몸에게 회복할 시간을 준다. 몸을 움직이지 않으면 균형이 깨지면서 몸에 이상이 생긴다. 외부의 도움이 꼭 필요할 때도 있겠지만, 도움을 받은 후에는 몸이 방법을 찾아갈 수 있게 놔둬야 한다. 몸을 가장 잘 아는 것은 몸 자체다. 몸을 고치는 일은 몸이 가장 잘한다. 몸이야말로 최고의 의사다. 몸을 기적적으로 좋아지게 하는 치료법은 낮잠이다. 그렇다면 낮잠을 얼른 행동으로 옮겨야 한다.

---

* 앤드루 테일러 스틸, 《앤드루 T. 스틸의 자서전(Autobiography of Andrew T. Still)》, 커크스빌, 미주리, 1897.

나는 치료사의 처방대로 낮잠을 충분히 잤다. 며칠 그러고 나니 몸이 다시 기운을 차렸다. 그렇게 나는 살아났고 앞으로의 삶을 살아갈 준비를 하고 있다.

몸을 기적적으로 좋아지게 하는
치료법은 낮잠이다.
그렇다면
낮잠을 얼른 행동으로 옮겨야 한다.

행복한 알렉상드르의 이야기:

인생의 진짜 의미

누구에게나 삶의 버팀목이 되는 명언이 있을 것이다. 물론 나에게도 있다. 그 명언을 만난 곳은 어느 장례식에서였다. 아카데미 프랑세즈 회원이기도 한 어느 유명한 작가의 장례식이었는데, 그날의 추도사가 내 마음을 울렸다.

장 도르메송 Jean d'Ormesson이 우리에게 전한 새로운 깨달음이 있습니다. 가벼움은 진중함의 반대가 아니라 무거움의 반대라는 것입니다.*

* 2017년 12월 8일 에마뉘엘 마크롱 프랑스 대통령이 국가를 대표해 읽은 추도사.

심각한 상황을 유연하게 넘기는 것도 재능이다. 이런 재능을 가진 사람들이 있다. 사고가 경직되어 있지 않고 유머 능력과 재치 있는 말솜씨를 갖춘 사람들이다. 가만히 있어도 빛이 나는 이런 사람들은 지혜가 유머에서 나온다는 메시지를 전한다.

진실을 찾고 싶은가? 그렇다고 해서 굳이 평생을 연구에 바칠 필요는 없다. 셰익스피어의 작품 전부를 눈이 빠지라 읽을 필요도 없고, 수도사나 수녀처럼 은둔 생활을 할 필요도 없다. 진실이 꼭 무거운 것만은 아니다. 진실은 현재의 기쁨을 희생해가며 억척스럽게 길들여야 하는 괴물이 아니다. 진실은 여기저기에 다양한 모습으로 존재한다. 그러니 그냥 마음 편하게 '진실'이라는 열매를 따면 된다. 프랑스의 영화배우 콜루슈Coluche가 철학가 사르트르Sartre보다 진실에 가까운 이야기를 들려줄 수도 있다. 영국의 코미디 그룹 몬티 파이선Monty Python이 아일랜드의 작가 제임스 조이스James

Joyce보다 분명한 메시지를 전해줄 수도 있다.

1968년 봄, 전국적으로 봉기한 대학생들이 눈에 띄는 벽마다 자유를 찬양하는 슬로건으로 도배를 할 때 파리의 어느 극장에서는 〈행복한 알렉상드르Alexandre le Bienheureux〉*(한국에서는 〈이 세상에서 가장 행복한 사나이〉라는 제목으로 소개됐다-옮긴이)라는 코미디 영화가 상영됐다. 프랑스 북부의 보스 지방이 배경이고 주인공은 농사일로 지칠 대로 지친 농부 알렉상드르다(필리프 누아레Philippe Noiret가 연기했다).

알렉상드르는 억센 아내의 등쌀에 짓눌려 피곤하게 살고 있지만 싫다는 내색을 하지 않는 순둥이 남편이다. 어느 날, 아내가 교통사고로 세상을 떠난다. 괴물 같은 아내의 손아귀에서 갑자기 해방된 그는 새로운 삶을 살기로 한다. 느닷없이 그는 트랙터를 차고에 넣고는 방으로 올라가 문을 잠근다. 그리고 알렉상드

* 이브 로베르(Yves Robert) 감독, 1968.

르가 한 것은… 잠자기였다.

알렉상드르의 소원은 마음 편히 잠을 자는 것이다. 이날 밤도, 그다음 날도, 그리고 그다음 날도 알렉상드르는 잠만 잔다. 그렇게 밤낮으로 휴식을 취한다. 알렉상드르는 몇 주, 몇 달 동안 침대에서 빈둥거리며 이제까지 느껴보지 못했던 최고의 행복을 맛본다. 아내를 저세상으로 보낸 지 얼마 되지 않은 이 젊은 농부는 앞으로는 자신이 원하는 대로 살아가기로 한다. 이렇게 숨을 쉬며 살아 있기만 해도 된다. 알렉상드르가 세운 새로운 목표는 '아무것도 하지 않는 삶'이다. 숨 쉬며 살아가는 데 필요한 것은 이미 충분히 모아뒀다. 침대에 누운 잠옷 차림의 알렉상드르가 위에 매달린 줄을 당긴다. 그러자 햄들이 내려온다.

목가적인 분위기가 가득한 이 작품은 뚜렷한 메시지를 중시하는 영화계에서 신랄한 비판을 받았다. 그런데 〈행복한 알렉상드르〉는 언뜻 가벼운 이야기처럼 보이지만, 사실은 당시 시대 상황을 비판적으로 저격했다. 이 영화가 저격한 주제는 1968년 봄 프랑스에서 일어난 '68혁명'이 비판하던 사회문제와 똑같았다. 성과주의, 대량생산과 노동, 상업화, 사람 위에 있는 돈이었다. 대학생과 노동자들이 들고일어난 이유이기도 했다. 시위를 하던 대학생과 노동자들이 내건 슬로건은 알렉상드르의 이야기가 전하려는 메시지와 완벽하게 통한다.

'돈벌이에 인생을 낭비하지 마라.'

'누구나 자유로워질 권리가 있다.'

'꿈도 현실이 될 수 있다.'

68혁명의 슬로건은 21세기의 사회에도 여전히 울림을 준다. 하지만 예나 지금이나 현실은 크게 다를 바 없다. 환경 파괴와 과잉 생산이 문제라는 말이 종종 나오지만, 정작 우리의 일상은 '더 벌기 위해 더 일한다'라는 논리를 충실히 따른다. 성과주의와 소비주의에 매몰된 사회는 성장의 속도를 늦춰야 한다는 사람들의 말을 무시한다.

알렉상드르의 세계도, 보스 지방 농부들의 세계도, 그 밖의 모든 세계도 이제는 한계라고 외친다. 일은 더 많이 하는데 오히려 버는 돈은 줄어드는 '워킹 푸어 working poor'의 세계가 되어버렸기 때문이다. 이런 세계에서 여름휴가와 일요일의 휴식을 고집하면 무능하다는 낙인이 찍히기 딱 좋다. 그러는 동안 농부의 자살률은 최고를 기록했고, 이미 농부의 3분의 1 이상이 번아웃에 시달린다. 어느 날 갑자기 나타난 통계 결과가 아니다. 또한 이런 문제가 농부들만의 일도 아니다.

왜 그럴까?

무엇을 위해 이렇게 힘들게 살아야 하는지 이유를 아는 사람이 없기 때문이다. 무엇 때문에 힘들게 노력만 하면서 사는지 누구도 제대로 된 대답을 하지 못한다. 도시에 살든 시골에 살든, 남성이든 여성이든 다

똑같다. 모두 현대판 알렉상드르일 뿐이다. 이제는 여유를 갖고 사는 일이 사치가 되어버렸다. 돈, 성과, 불안감이 우리를 잠식한다. 어쩌다 쉬어도 마음이 편하지 않고, 수면 장애를 호소하거나 우울증 약을 먹는 사람들은 늘어만 간다.

행복한 알렉상드르가 보기에 일만 하는 사람들의 삶이란 '시시포스의 형벌'과 다름없다. 사실 우리는 모두 시시포스의 형벌과 같은 삶을 살고 있다.

"그동안 억지로 일만 하며 살았어요. 하지만 이제 더는 아무 일도 하지 않습니다."

영화 첫 장면에서 주인공 알렉상드르가 한 말이다. 억지로 일하며 사는 삶은 형벌과 다름없다.

알렉상드르의 말이 맞았다. 우리도 내심 알렉상드르와 같은 마음이라는 것을 깨닫는다. 알렉상드르는 살면서 우연히 찾아온 기회를 잡을 줄 아는 사람이었다. 잘 가, 마누라. 그리고 암소들과 양 떼도. 요즘 뭐 하며 사느냐고 묻는 사람들에게 알렉상드르가 하는 대답은 늘 같다.

"쉬고 있어요. 이렇게."

그리고 알렉상드르는 땅 역시 쉬고 있다고 대답한다. 땅도 휴식을 취한다. 땅도 알렉상드르처럼 마음 편히 놀고 있다.

그런데 알렉상드르만 행복하다고 되는 일이 아니다. 알렉상드르의 대답에 마을 사람들은 충격을 받고 다른 농부들은 분노한다. 놀고먹는 삶이야말로 온갖 악행의 어머니가 아닌가. 선량하게 살아온 알렉상드르는 순식간에 '팔자 좋은 무위도식자'로 찍혀 비난을 받는다. 교회가 생각하는 바람직한 인간상은 근면·성실한 사람이다. 이마에 송골송골 땀을 맺혀가며 먹을 것을 직접 마련하는 사람, 베풀 줄 알고 다른 사람을 돕는 사람, 악마의 꾐에 빠지지 않고 열심히 일하는 사람이다. 그런데 알렉상드르가 이와는 정반대 인간상을 보여주고 있는 것이다. 교회의 기준으로 봤을 때, 걸핏하면 낮잠을 자는 알렉상드르 같은 사람은 성 바오로와 성 제롬을 만날 가능성이 지극히 작은 불성실한 인간이다. 교회의 가르침에서 벗어나 제 멋대로 살아가는 알렉상드르는 기존의 질서를 위협하는 인간으로 비친다.

사실, 기존의 방식에서 벗어나려면 대단한 용기가 필요하다. 오랫동안 내려오는 관습을 뒤흔드는 사람은 주변으로부터 미움을 받는다. '노동은 신성하다'라는 믿음 역시 오랫동안 성스럽게 여겨지던 관습이다. 이런 세상에서는 열심히 일하는 사람이 칭찬을 받는다. 작가 쥘 르나르Jules Renard도 "일을 하면 뿌듯하지만 게으르면 불안해진다"*라는 글을 남겼다. 일을 하지 않는 나태한 사람이 있으면 이를 보는 주변 사람들이 열을 받는다. 게으른 인간이 만들어내는 것이라고

* 《쥘 르나르의 일기(Journal de Jules Renard)》, 1898년 10월 1일.

는 비곗살 말고 무엇이 있는가?

현대의 서구 사회는 기독교 정신, 프로테스탄트 윤리, 자본주의를 신봉한다. 당연히 낮잠은 부정적인 이미지로 통한다.

성경이 등장한 이후로, 아니 어쩌면 성경이 탄생하기 이전부터 낮잠은 시간 낭비와 동일시됐는지도 모른다. 노동을 가장 중요한 기본 가치로 생각하는 성경의 기준에서 낮잠은 집단적인 거부의 대상이었다. 성경에서는 이마에 땀을 흘려가며 열심히 일해 먹을 것을 마련하는 태도를 바람직하게 여긴다. 기독교 정신을 근간으로 하는 서구 사회에서 도덕과 미덕은 돌담과 담쟁이처럼 떼려야 뗄 수 없는 관계다. 일을 열심히 하지 않는 사람은 비난을 받는 논리다.

오래전부터 나 혼자 몰래 해오던 것이 있다. 눈에 띄지 않는 곳에서 낮잠을 자는 것이다. 왠지 가족이나 다른 사람들이 보는 곳에서 낮잠을 자면 창피할 것 같아서였다. 낮잠을 자는 것에 죄책감을 느껴야 한다니 뭔가 씁쓸하지만.

영화 속 알렉상드르는 현대인들에게 경고를 날린다. '일만 하며 살다가 삶의 마지막 순간을 마주할 때는 이미 늦다. 이런 비극이 오기 전에 정신을 빠짝 차려야 한다. 매일 피곤에 절어 살다가 인생을 제대로 누리지도 못하고 죽음을 맞아서는 안 된다.'

잠과 낮잠은 우리 삶의 한 부분이다. 우리 자신과 도덕보다 강한 것은 마음속 깊은 곳에 자리하는 본성이다. 알렉상드르의 말대로 본성을 무시하지 말고 자기 마음에 귀를 기울이자. 낮잠은 소중하다. 우리의 삶에도 농지와 마찬가지로 휴식이 필요하다. 전문가들이 하나같이 지적하지 않는가, 과잉 생산과 과로를 방치하면 큰일 난다고. 우리는 땅과 정신을 너무 혹사하고 있다. 농사도, 정신도 쉬어야 건강을 유지할 수 있다. 잠시 쉬어가는 과정이 정말로 중요한 이유다.

잠든 보초병:

낮잠도 때가 있는 법

독일 동북쪽에는 그리스 신전처럼 근사한 미술관이 있다. 이 미술관에는 그림 한 점이 있는데, 이번 에피소드와 관계가 있는 중요한 작품이다.

400년 전에 그려진 〈보초 La Sentinelle〉라는 작품인데, 그림 속 남자는 널빤지로 된 의자에 앉아 벽에 기댄 채 고개를 숙이고 오른쪽 다리를 아무렇게나 뻗고 있다. 벌건 대낮인데 남자는 쿨쿨 자고 있다. 그냥 낮잠을 자는 건데 뭐가 문제냐고? 낮잠 자체는 문제가 없어 보인다. 하지만 이 그림은 낮잠에 대해 심오한 메시지를 담고 있으며 실존주의적인 질문을 던진다. 낮

〈보초〉, 카렐 파브리티우스, 1654

잠도 때가 있다는 메시지다.

카렐 파브리티우스Carel Fabritius가 그린 이 그림에서 낮잠 자는 남자는 철모를 쓰고 있다. 즉 일반인이 아니다. 철모가 태양 빛을 받아 빛난다. 양쪽 허벅지를 가로질러 총이 놓여 있고, 왼팔에 두른 끈이 팔 아래로 늘어져 있다. 그림 속 남자는 병사이고, 제목에서 유추할 수 있듯이 보초병이다.

보초병이라고? 보초병을 나타내는 프랑스어 단어 sentinelle(상티넬)은 '감시인, 파수병'을 뜻하는 이탈리아어 sentinella(센티넬라)에서 나왔다. 이 이탈리아어의 어원은 '감각으로 알다, 느끼다, 듣다'를 뜻하는 라틴어 동사 sentire(센티레)다! 즉 어원을 따져봤을 때 프랑스어 '보초병'은 감각(시각, 청각, 후각)을 동원해 장소를 보호하는 감시인을 가리킨다. 보초병이 낮잠을 자서는 안 되는 이유다.

그림 속 보초병은 철모가 내려올 정도로 잠에 취해

있다. 그야말로 깊은 잠에 빠진 보초병은 아무 소리도 듣지 못한다. 쿨쿨 자는 보초병보다 그 앞에서 고개를 들고 있는 검정 개가 주변의 낌새에 더 민감하게 반응할 것 같다.

그림 속에서 자기 할 일을 하는 것은 개뿐이다. 주인인 보초병은 근무태만이고, 정작 개만 보초를 선다. 낮잠을 자는 보초병은 소속된 사회 구성원들이 기대하는 믿음을 저버린 셈이다. 보초병이 지켜준다는 믿음이 있기에 부모와 형제를 비롯해 사회 구성원들이 안심하고 푹 잘 수 있는 것인데 말이다.

보초를 서는 사람들이 있어야 다른 사람들이 잠시 경계심을 풀고 잘 수 있다. 이것이 소속 집단의 구성원들 사이에 맺어진 계약의 기본 조건이다. 사회가 번영하려면 기본적으로 믿음이 있어야 한다. 이 같은 믿음을 위해 존재하는 것이 역할 분담이다. 무역·교육·식량 공급을 책임지는 사람들이 있고, 밤낮으로 도로 정비와 논밭 관리를 담당하는 사람들이 있다. 각자 맡은 역할을 제대로 해야 최악의 경우를 대비해 평화를 지킬 수 있다.

간혹 착각하는 사람들도 있는데, 사회의 평화는 저절로 이루어지는 것이 아니다. 평화가 저절로 찾아오는 유토피아 같은 사회가 있다고 믿는다면 순진한 것이다. 부당함, 폭력, 범죄는 인간의 본성에 속한다. 낮잠을 자는 보초병이 알아야 할 사실이 있다. 자신이 자고 있으면 다른 사람이 대신 보초를 설 수밖에 없다는 것이다. 안전에 대한 두려움 때문에 오래전부터 공동체가 만들어진 것이다.

철학자 알랭Alain도 모든 문명의 탄생 이면에는 이런 두려움이 있다고 강조했다.

도시가 만들어진 이유는 우선 군사적인 기능이다. 경제적인 기능은 그다음이다.*

오래전부터 도시는 군사적 기능과 경제적인 기능을 위해 만들어졌다. 사냥과 휴식, 채집과 잠. 그런데 알랭은 이런 지적을 한다.

잠이 배고픔보다 이기기 힘들다. 생각해보면 안다. 실컷 먹은 후에 찾아오는 잠을 물리칠 방도는 없다.**

파브리티우스의 그림도 이런 메시지를 잘 보여주는데, 그는 여기에 인상적인 장치를 덧붙였다.

그림의 배경을 자세히 보면 윗부분 왼쪽의 아치형 교량 아래에 뭔가가 보인다. 누군가가 장화를 신고 서 있는데, 기다란 칼을 들고 있다. 상체는 아치형 교량

---

* 알랭, 《어록(Propos)》, 파리, de la Nouvelle Revue française, 1920.
** 같은 책.

에 가려 보이지 않는다. 여기에는 잠재적인 위험을 경고하는 메시지가 있다. 흐릿하게 보이는 칼끝이 잠재적인 위험을 의미한다.

쿨쿨 자는 병사는 주변 사람들과의 계약을 깼다는 경고다. 관객은 왠지 불길한 상황이 전개되리라고 예상한다. 관객들의 평가와 함께 갑자기 재판 현장이 되고, 사회 전체를 위험에 빠뜨리는 게으름을 성토한다. 마음 편히 낮잠을 자는 병사는 벌을 받아도 할 말이 없는 죄인이다.

화가는 또 다른 상징적인 장치를 통해 보초병이 유죄라고 쐐기를 박는다. 아치형 교량 위에 조각 작품이 보인다. 통통한 아기 돼지와 그 앞에 서 있는 누군가의 맨발이 양각돼 있다. 돼지 다리와 사람의 맨발이 나란히 있다. 복장과 십자가 달린 묵주를 보니 성직자 같다. 눈썰미가 있는 관객이라면 묵주가 은둔자 성 앙투안의 상징임을 알아볼지도 모르겠다. 이 그림에서

성 앙투안은 그야말로 순수한 마음, 유혹에 굴하지 않는 인물을 상징한다. 실제로 성 앙투안은 사막에서 악마의 모든 유혹을 물리치고 신성한 사명을 완수했다. 잠자는 보초병의 머리 위로 묵주를 목에 건 성직자가 등장한다는 점은 병사가 신에 대한 믿음을 저버렸음을 은연중에 강조하는 것이라고 할 수 있다. 성 앙투안과 달리 보초병은 낮잠이라는 게으름의 유혹에 넘어갔음을 풍자하는 것일까? 위험한 상황이 일어날 것 같다. 아치형 교량 아래에 칼을 든 사람이 있는 걸 보면 그렇다. 상황을 막기에는 이미 너무 늦은 것일까?

그림은 답을 주지 않는다. 열린 결말이다. 하지만 미술사학자들은 이 그림이 탄생한 해가 상징적임을 알고 있다. 때는 1654년, 파브리티우스가 살던 도시가 큰 사건으로 황폐해진 해다. 끔찍한 폭발이 일어나 델프트 도심이 잿더미가 된 것이다. 이 사고로 수백 명이 목숨을 잃었는데, 파브리티우스도 당시 폭발로 화상을 입어 얼마 후 사망했다. 이 비극은 부주의에서 시작됐다. 병사 한 명이 별생각 없이 놓아둔 횃불이 화약으로 가득한 저장고를 폭발시킨 것이다. 너무 충격적이라 머리가 어지러운가? 부주의가 불러온 결과치고는 너무나 끔찍한가? 의외로 작은 것이 중요하다. 작은 불씨가 커다란 혼란을 일으킬 수 있다. 그 작은 불씨가 꾸벅꾸벅 조는 보초병이다. 즉, 부주의한 병사다.

이 그림이 주는 교훈은 책임감의 중요성이다. 아무 때나 낮잠을 자서는 안 된다. 모든 것에는 때가 있듯, 낮잠도 때가 있는 법이다.

해먹의 철학:

나다운 자유로움의 예찬

다니엘 페낙Daniel Pennac의 책을 읽다가 낮잠의 철학
을 잘 나타내는 표현을 만났다. 낮잠은 "하늘에 걸린
시간의 직사각형"*이라는 문구다.

은유적인 이 표현의 중심에 해먹이 있다. 천으로 만
들어진 직사각형의 해먹은 개인의 취향에 따라 밝은
색도 있고 알록달록한 색도 있다. 양쪽 끝이 고정된
해먹 안에서 잠을 자면 엄마 품처럼 포근해 헤어나지
를 못한다. 직사각형의 해먹이 잠자는 사람을 감싼다.
'hamac'이라는 단어는 중앙아메리카에 서식하는 나

* 　다니엘 페낙, 《독재자와 해먹(Le dictateur et le hamac)》, 파리, Gallimard, 2003.

무의 이름에서 왔다. 해먹이 흔들리는 모습은 나른함 자체다. 이 순간, 무엇도 중요하지 않다. 시간은 잘 흘러간다. 해먹은 주어진 범위 안에서 움직인다. 주어진 작은 공간으로 만족하는 것이 해먹이다.

잠을 자고 싶다면 직사각형의 해먹 안에 들어가 누우면 된다. 해먹은 세계 어디서나 볼 수 있다. 전 세계 어디에서든 사람들은 낮잠을 잔다. 동물도 마찬가지다. 대표적으로 고양이를 들 수 있는데, 이 동물은 나무 아래나 찬장 위에서 매일 20시간 가까이 잠을 잔다. 허공에 매달린 해먹이 존재감을 내세우려면, 피부로 이루어진 인간이든 털로 뒤덮인 동물이든 누군가가 그 안에 들어가 몸을 뉘어주어야 한다. 해먹이 있는 공간을 채우는 것은 나뭇가지나 밧줄이 삐걱이는 소리, 잠자는 사람이 쌕쌕거리는 숨소리뿐이다. 해먹은 지구와 무중력의 우주 공간에 설치된다(미국 항공우주국NASA의 과학자들은 아폴로 미션을 수행하는 우주선에 각종 해먹을 설치했다. 벽에 부착한 침대보다 해먹이 아늑하다).

해먹은 시간의 직사각형이기도 하다. 해먹에는 앞과 뒤가 있다. 지금 우리는 해먹에 조심스럽게 몸을 눕힌다. 그렇게 해먹에서 잠시 시간을 보낼 것이다. 낮잠을 10분 자면, 몸이 개운하다. 낮잠을 20분 자면, 몸 상태와 기분이 엄청나게 좋아진다. 낮잠을 1~2시간 자면, 부족한 잠을 충분히 보충할 수 있다.* 낮잠이 중요하다고 조언하는 이유다.

시간의 정신은 형이상학적이다. 해먹은 공중에 떠있다. 해먹은 거추장스러운 것을 없앨 수 있는 아이디어를 준다.

프랑스의 자크 시라크 대통령은 엘리제궁에서 따로 시간을 내 낮잠을 잤다. 그는 낮잠의 효과를 글로

---

* 브라이스 파로(Brice Faraut), 《낮잠의 구원(Sauvés par la sieste)》, 아를, Actes Sud, '건강에 대한 질문 편', 2019.

남기기도 했다.

우리는 어쩌면 고대 이래로 오랫동안 더위 때문에 어떤 활동도 하기 힘들어지는 한낮에 휴식을 취해온 라틴 사람들의 이른바 게으름을 비웃을 것이다.

하지만 잠과 게으름을 혼동해서는 안 된다! 휴식은 삶의 질을 결정하기에 진지한 행위다. 여러 종교에서도 잠을 신성시했다. 시인 샤를 페기Charles Péguy는 잠이야말로 '신과 인간의 친구'라고 썼다!*

잠이 신과 인간을 이어주는 연결고리임을 강조하는 멋진 문장이다. 로마 사람들은 이 연결고리를 만드는 것이 운명의 세 여신이라고 믿었다. 여신 노나Nona, 데키마Decima, 모르타Morta가 인간의 운명을 결정하는 생명의 실타래를 만들었다는 것이다.

* 브루노 콩비, 《낮잠 예찬(Éloge de la sieste)》, 파리, TNR, 2004.

낮잠을 자면 세상이 한 단계 다른 경지로 올라서고
다른 시간대로 이동한다.
낮잠을 자면 이곳과 저곳을 오가면서 빛나는 어딘가,
공상의 나라로 간다.

대통령의 낮잠이든 로마 사람들의 낮잠이든, 낮잠은 시간을 초월하는 행위다. 벽시계로는 표현하기 힘든 초월적인 시간이다. 로마 시대에는 하루가 16시간밖에 안 됐다. 낮잠은 하루 중 여섯 번째 시간에 잤다. 그래서 로마에서는 낮잠을 '6'을 의미하는 '섹스타sexta'라고 불렀다.

어쩌면 이런 이유로 낮잠이 많은 기적을 낳는지도 모르겠다! 낮잠은 흥분된 마음을 차분히 식혀주고 진정시킨다. 낮잠을 자면 활동을 하지 못하니 시간 낭비라고 생각하는 사람도 있을 것이다. 하지만 낮잠은 자신만을 위해 따로 떼어낸 소중한 시간이다.

어쩌면 이것이 낮잠의 커다란 미덕일지도 모른다. 낮잠 자체가 우리에게 좋다. 편히 낮잠을 자면 건강에 효과 만점이다. 신경망이 재생되고 몸의 기능이 균형을 되찾는다. 낮잠만 자면 특별한 노력 없이도 건강을 챙길 수 있다. 동시에 낮잠 자는 시간은 정지된 시간이다. 즉 의지를 발휘하지 않는 시간, 아무것도 하지 않을 수 있는 시간이다. '파르니엔테farniente'*는 최고를 만들어내는 수단이다. 아무것도 하지 않는 것. 이만큼 소박한 방법이 있을까? 이만큼 감미로운 역설이 또 있을까?

낮잠은 목표를 저절로 이룰 수 있게 돕는다. 무엇을 하고 무엇을 원하든, 휴식을 취하고 싶다는 마음은 무의식에서 나온다. 의식이 개입할 수 없는 부분이다. 그대로 편하게 있으면 된다. 시간의 직사각형, 즉 해먹에서 낮잠을 자면 손은 자연스럽게 축 늘어진다.

고대 중국의 지혜에서 나온 개념이 '행동하지 않는 것'을 뜻하는 '无为(무위)'다. 이는 게으름도 아니고, 포기도 아니다. 편안한 자세, 편안한 의지, 우주의 질서와 자연의 질서 안에서 정해지는 행동(도)을 하는 것이다. 무위는 세상의 흐름에 몸을 맡기는 예술이다.

* 이탈리아어로 '아무것도 하지 않는다'를 의미한다.

낮잠의 예술에 가까우면서 조화를 중시하는 철학이 '무위'다.

행동하지 않겠다고 선택하는 순간, 파동이 포근하게 몸을 감싼다. 눈에 보이지 않는 파동은 마치 물과 같다. 물은 유연하고 약해 보이지만 돌보다 강하다. 물이야말로 돌을 반들반들하게 깎아내거나 심지어 부술 수도 있기 때문이다. 노자는 말했다.

물을 넘어서는 것은 없다. 물을 대신할 수 있는 것은 없다.*

낮잠 역시 우리를 부드럽게 감싼다. 낮잠을 자면 세상이 한 단계 다른 경지로 올라서고 다른 시간대로 이동한다. 낮잠을 자면 이곳과 저곳을 오가면서 빛나는 어딘가, 공상의 나라로 간다. 이와 관련해 페낙이 쓴 멋진 문구가 이것이다.

* 노자, 《도덕경》, 파리, Albin Michel, 1984.

하늘에 떠 있는 시간의 직사각형.

낮잠을 자는 동안에는 일상의 모든 근심과 고통에서 해방된다. 우리가 해먹으로 향하는 이유는 더 높은 곳으로 날기 위해서다.

그리고 낮잠에서 깨어나 눈을 뜰 때, 아득한 꿈나라는 서서히 멀어지고 현실로 돌아온다.

유레카!:
낮잠이 하는 일

대학 입시 준비반에 다닐 때였다. 좋은 문구를 외우며 정말로 열심히 공부했다! 그중 기억에 남는 문구를 따로 적어놓은 적이 있다.

쓰고 있는 글은 스무 번은 고쳐라.

끝없이 다듬고 또 다듬어라.

가끔은 새로운 글을 추가하고 별로인 글은 수시로 지워라.

그렇게 별로인 문장이 가득한 작품 안에서도

가끔은 재치 가득한 문구가 반짝인다.*

* 니콜라 부알로, 《시론(L'Art poétique)》, 파리, Imprimerie générale, 1872.

니콜라 부알로Nicolas Boileau의 글이다. 이 글을 읽으면서 열심히 공부하면 보상을 받으리라는 생각이 강해졌다. 하지만 막상 시험 날이 다가왔을 때 이미 나는 지칠 대로 지친 상태였고, 결국 낙방했다.

　　책상을 정리하고 휴식을 취했다. 나의 목표가 아니라 나의 방법을 다시 봤다. 어려운 개념을 보면서 밤을 새우는 일 따위는 더는 하지 않았다. 처음부터 다시 시작했다. 치웠던 책을 전부 다시 꺼냈다. 특히 그동안 소홀히 했던, 내 몸 챙기는 법을 배웠다.

　　건강한 육체에 건강한 정신이 깃든다.Mens sana in corpore sano

　　아마 당신도 한 번쯤은 들어봤을, 유명한 라틴 격언이다. 해야 할 일을 미루고 운동을 늘리라는 뜻이 아니다. 그것은 회피에 불과하다. 더 높은 목표에 도달하려면 몸과 마음을 같이 돌봐야 한다는 뜻이다. 몸을 소중히 하라. 이것이 이 격언이 주는 진정한 교훈이다!

로마 사람들은 일할 때는 일하고 놀 때는 놀았다. 라틴어에서 일과 여가는 어원적으로 매우 가까운 관계다. 라틴어로 여가는 'otium', 일은 'negotium'이라고 한다. 일을 뜻하는 'negotium'은 여가를 뜻하는 'otium' 앞에 부정형 접두사 'neg'를 붙인 것이다. 옛날 로마 사람들이 일과 여가를 구분했고, 일이 없으면 여가도 없다고 생각했음을 알 수 있다. 이미 1,000년 전의 문명이 지금 사람들처럼 똑똑하게 워라밸work and life balance을 실천한 것이다! 현대인들은 옛날 사람들에게 진 빚이 많다.

대학 입학시험에 붙기 위해서 라틴 격언을 내면화했다. 공부를 열심히 하되 운동도 자주 하고 휴식도 충분히 취했다. 매일 7시간을 잤고, 가끔 20분 정도 낮잠을 잤다.

그렇게 몇 주가 지나고 몇 달이 지났다. 건강한 생

활 습관이 마침내 열매를 맺었다. 정신이 더욱 맑아지면서 암기 속도가 빨라졌고 집중력도 좋아졌다. 생각도 더욱 잘 떠올랐다! 전에는 어려운 문제 앞에서 몇 시간을 끙끙댔지만, 이제는 직감으로 답을 떠올렸다. 시험 때 시간이 많이 절약됐고 필기 속도가 빨라졌다. 이번에는 훨씬 차분하면서도 탄탄하게 준비가 되어 있었다.

마음가짐이 어떻게 이처럼 달라진 것일까?

많은 의사가 인간의 두뇌는 근육과 같다고 말한다. 즉, 두뇌도 근육처럼 단련하고 영양을 공급해야 성장한다는 것이다. 실제로 두뇌는 에너지도 많이 사용한다. 두뇌가 쓰는 에너지는 몸의 다른 부분이 쓰는 에너지의 10배가 넘는다. 장기와 어우러져 몸 전체가 피곤하지 않고 제 기능을 하려면 장기와 몸을 전부 관리해야 한다.

몸이 쉬면 두뇌도 재생된다. 그렇다고 쉬는 동안 두

뇌가 기능을 멈춘다는 뜻은 아니다! 잠을 잘 때도 두뇌는 심장, 폐처럼 주요 장기를 계속 조종한다. 그런데 두뇌가 하는 일은 이것이 전부가 아니다.

신경과학자들에 따르면, 잠을 자는 동안 두뇌는 몇 시간 전 깨어 있을 때 했던 일을 재연한다. 연습했던 스포츠 동작, 공부하면서 외우던 단어 같은 것이다. 영국 과학자들은 이를 '리플레이replay'라고 한다.

이런 이유로 고난도 스포츠를 하는 선수들은 몇 시간 동안 같은 동작을 훈련한 후에 낮잠을 잔다. 이렇게 잠깐 눈을 붙이고 일어나면 선수들은 아까 연습했던 동작을 더 수월하게 해낸다. 같은 이유로 학생들도 잠을 충분히 자면 오랫동안 암기한 구절을 더 빨리 기억한다. 숙면을 취하거나 잠깐 낮잠을 자면 학습 능력이 좋아지는 것이다.

쉬고 싶으면 쉬는 것이 좋다. 공부하다가 잠시 쉬면 두뇌가 알아서 자기 할 일을 한다. 두뇌는 정보를 분

류하고 정리하면서 몸의 간섭 없이 자유롭게 활동한다. 두뇌가 알아서 할 일을 하게 놔두자.

30분 정도만 눈을 붙여도 두뇌는 편하게 할 일을 한다. 낮잠을 자고 일어나면 머리가 맑아지고 기분이 개운해진다. 유레카! 낮잠이 답이다.

꿈을 이루려면 열심히 노력해야 하고 충분히 쉬어야 한다.

건강한 육체에 건강한 정신이 깃든다. 이것만 돼도 나머지가 술술 풀린다. 이 교훈을 마음에 새기면서 나만의 방법으로 실천했다.

30분 정도만 눈을 붙여도 두뇌는 편하게 할 일을 한다.
낮잠을 자고 일어나면 머리가 맑아지고 기분이 개운해진다.
유레카! 낮잠이 답이다.

낮잠은
언제
허락되는가

방탕한 낮잠:

금지의 미덕

늦은 봄부터는 시간이 느리게 흘러간다. 낮은 길어지고 밤은 천천히 온다. 하늘은 햇빛으로 반짝인다. 자연이 되살아난다. 풍요롭고 충만한 자연을 누리며 계절을 보내면서 인간은 과수원에서 과일을 수확하고 밭에서 식량을 생산하고 숲에서 필요한 것을 얻는다. 바다에 그물을 쳐 생선을 잡는다. 풍요로운 계절 자체다.

자연이 최고의 것을 베풀어주는 동안 사람들은 이 풍요로움을 만끽하고 휴식을 취한다. 나른해진다. 슬슬 찾아오는 더위 때문에 어쩔 수가 없다. 이 축복받은 날의 표어는 '아무것도 하지 않기'다. 자, 마음껏 즐기자.

늦잠, 가볍게 먹는 점심. 햇빛이 내리비치는 바깥을 뒤로하고 방으로 들어온다. 방은 편안한 피난처가 되어준다. 덧문을 열면 창문이 햇빛을 조절해주는 필터 역할을 한다. 그렇게 빛은 공기로 이루어진 얇은 막을 통과한다.

침대 시트가 뽀송뽀송하다. 몸이 나른해진다. 어쩌면 낮잠을 잘 수도 있다. 몸을 길게 뻗고 누워 눈을 감고 잡생각을 쫓아내기만 하면 된다. 그런데 그때, 삐걱거리는 소리가 조그맣게 들린다. 눈을 뜬다. 누군가의 발걸음 소리. 누군가가 문고리를 돌리는 소리. 문이 살짝 열린다. 실루엣이 하나 나타난다. 오래전부터 우리가 사랑했던 존재다. 그 어깨와 엉덩이, 그 옆모습. 보이지 않는 다른 쪽도 이미 예상이 된다. 하지만 마음이 혼란스럽다. 낮잠을 잘 가능성이 점점 멀어진다. 몸을 일으킨다. 심장의 고동 소리가 빨라지는 것 같다. 우리의 시선은 다가오는 그 실루엣에 고정되어 있다. 무엇이 달라진 걸까? 분명 실루엣은 어제와 똑같지만 모든 것이 바뀌었다.

그 실루엣이 부드럽게 말을 걸며 옷을 벗는다. 보디랭귀지에는 나름의 문법이 있다. 조용한 어휘, 냄새의 구문, 숨결의 의미론. 서로를 향해 전해지는 미세한 진동. 알 수 있다. 느껴진다. 바로 그것이다. 욕망의 힘. 우리를 자석처럼 끌어당기는 강력한 힘.

즐거움이 조심스럽게 다가와 곁에 누워 우리를 천천히 흔들어주리라는 기대감. 어제는 아무 일도 없었는데 왜 여기, 지금이야? 햇빛으로 가득한 그 몸에서 나는 냄새인가? 손가락에 닿는 그 피부의 묘한 촉촉함? 뭔가 달라졌다. 실루엣이 욕망의 대상으로 변했다. 방 안의 열기, 무기력, 평온함이 그것을 간절히 원하는 마음을 부추긴다.

잠깐의 휴식. 잠시 세상에서 한 발짝 물러나기. 낮잠이 돌연 방탕한 낮잠으로 변한다?

방탕한 낮잠? 묘한 표현이다. 낮잠을 범죄처럼 표현하니 모순적이다. 낮잠의 기쁨에 죄책감을 심어주니 말이다. 하지만 낮잠을 자는 것이 왜 잘못됐을까? 마음 편한 일을 하는 것이 왜 문제일까? 왜 항상 욕망을 도덕적인 잣대로 평가해야 할까? 무엇인가를 사랑하는 것은 나쁜 일이 아니다. 낮잠을 방탕하다고 표현하는 것은 낮잠을 금지하려는 모종의 시도다. 본능대로만 행동하는 풋내기를 가볍게 비꼬려는 것이다.

'방탕한.' 무겁게 느껴지는 형용사다. '방탕한'은 불량배, 파렴치한 악당, 신념과 법도 내팽개치는 불한당에게 붙이는 형용사다. 그러나 서로 사랑하는 두 사람이 사회에 대고 나쁜 짓을 하는 일은 거의 없다. 확실히 두 사람이 결혼으로 연결되는 것을 바람직하게 보는 관점이 사회 관습이다. 그렇기에 관습에서 벗어나는 불륜은 사회적으로 비난을 받는다. 하지만 '방탕한'이라는 형용사는 지금 이 순간에는 공식적인 커플과 불륜 커플을 구분하지 않고 사용되기도 한다. '방탕한'이라는 묘한 표현은 아주 오래전 중세 때부터 사용된 것 같다. 원래 '방탕한'은 질서 있는 건전한 성생활을 반대하는, '쾌락'을 위한 성행위에 사용됐다. 질서 있는 건전한 부부 사이의 성관계는 신혼 기간의 밤에 주로 이루어진다. 어쨌든 기본적으로 일을 마친 후에 이루어진다. 남녀의 결합, 생명을 만드는 두 몸의 합체가 중요해도 일상의 흐름을 방해해서는 안 된다. 낮 시간은 해야 할 일로 온전히 보내야 한다. 이는 도덕적인 의무다. '방탕한'과 어울리는 또 다른 표현이 있다. 정오의 악마.

그런데 일과 욕망은 양립하기 어렵다. 이미 실험으로도 증명됐다. 일을 하다가 지치면 욕망이 줄어든다. 욕망이 없으면 일할 힘도 줄어든다. 일에 너무 열정을 쏟으면 사랑하는 상대를 기쁘게 해줄 에너지에 문제가 생긴다. 배터리가 방전되는 것과 비슷한 상태다. 피곤하면 행동이 둔해지고 정신이 멍해진다. 우리를 침대로 밀어 넣는 힘은 여기서 나온다. 구석에서 잠이 들고 리비도 libido (성욕)가 줄어든다.

방탕한 낮잠은 강력한 힘을 지닌다. 일상의 루틴과 리듬을 깨뜨리고 가을에서 봄까지 필요한 기운을 떨어뜨리기 때문이다. 낮잠을 자고 싶다는 마음이 들면 몸이 나른해지기 때문에 그날그날 해야 할 일에 어느 정도 지장을 받는다. 낮잠을 받아들이든 금지하든, 낮잠은 아주 강력하다. 낮잠은 일탈의 유혹으로부터 힘을 얻는다. 규칙을 위반하고 기준에서 벗어날 때 흥분되는 것은 오래전부터 존재하는 강력한 힘이다. 낮잠이라는 감미로운 혁명으로 침대 시트가 흐트러진다. 결혼이 바람직한 사랑이라는 부르주아 도덕에 사로잡히면 앞을 볼 수 없다. 이렇게 보면 방탕한 낮잠과 같은 욕망에 몸을 맡기는 일탈에도 미덕이 있다. 방탕한 낮잠의 미덕은 드러나기도 하고 드러나지 않기도 한다. 우리는 그 미덕을, 겨우 지킨 영원한 사랑의 증표처럼 소중히 간직한다. 리듬. 습관. 절제. 잠깐의 에로틱한 휴식이라고 할 수 있는 낮잠으로 경험할 수 있는 미덕이다. 가끔은 길을 헤매야 제자리를 찾는다. 확실히 낮잠은 방탕하기는 해도 장점이 많다.

달리의 흘러내리는 시계:

시간이 흐르는 감각

2020년 3월, 전 세계가 멈췄다. 희한한 바이러스가 나타나 모두 공황 상태가 됐다. 이동이 금지됐고 학교는 문을 닫아야 했다. 사람이 없는 거리는 조용했다. 고층빌딩의 불이 꺼졌다. 갑자기 우리 모두에게 봉쇄령이 떨어졌다.

전 세계가 겪은 코로나19 사태는 우리의 생각뿐만 아니라 일상의 사소한 습관도 뒤흔들었다. 몇 주 또는 몇 개월 동안 제한된 삶에 적응해야 했고 원래의 계획도 조정해야 했다. 철학에서 말하는 '진정한 위기'였다. 다시 말해 전환점이 찾아왔다. 세상은 코로나19

이전과 이후로 나뉘었다. 그야말로 '위기'라는 표현이 딱 맞았다. 프랑스어로 '위기'를 뜻하는 'crise'는 고대 그리스어 'krisis'에서 나왔다. 원래는 고대 그리스의 의사들이 환자의 고비를 가리킬 때 쓰던 말이었다. 환자가 회복과 사망의 경계에 있을 때 '고비'라고 했다. 코로나바이러스로 촉발된 'krisis'로 우리는 중요한 고비의 순간에 놓였다. 우리의 미래가 걸려 있는 고비 같았다.

봉쇄령이 내려지면서 '지하철-일-잠'이라는 표현으로 대표되는 도시인의 삶에 큰 변화가 생겼다. 간단히 말해 '집에서 나오지 마세요'라는 봉쇄령 앞에서 기존의 패러다임을 바꿔야 했다. 세상에나! 외부 세상과 단절돼 집 안에만 있어야 하는 새로운 생활 앞에서 어떻게 해야 할까?

4세기 전의 철학가 블레즈 파스칼Blaise Pascal이 목적도, 전망도 보이지 않는 고립 상태가 가져오는 불안감을 경고하는 글을 쓴 적이 있다.

인간이 불행한 이유는 하나다. 방 안에서 쉴 줄 모르기 때문
이다.*

일상의 무게를 견디고, 반복되는 단조로운 하루하
루를 버티려면 훈련이 많이 필요하다. 살바도르 달리
Salvador Dali 의 그림을 보면 시계가 치즈처럼 녹아내리
는 장면이 있다. 그림 속 시계처럼 흘러내리는 시간은
지루함을 안긴다. 그 지루함에 쓰러지지 않으려면 강
철 같은 의지가 필요하다.

방금 이야기한 달리의 그림은 〈기억의 지속성〉 연
작이다. 2020년 코로나19 사태가 지금도 계속 떠오른
다. 불안한 마음, 무겁게 느껴지던 시간, 혼자서 또는
가까운 몇몇 사람하고만 견뎌야 했던 순간들 말이다.

---

* 블레즈 파스칼, 《팡세》, 파리, Le Livre de Poche.

정신과 의사들은 매일 밤낮으로 같은 일이 단조롭게 반복되면 머리가 이상해진다고 말한다. 루틴이 우리를 갉아먹기도 한다는 얘기다.

파스칼의 말이 맞았다. 인간의 불행은 조용한 방에서 얌전히 있지 못하는 성향에서 나온다.

코로나19 사태로 끔찍한 무기력함을 겪었다. 그 무기력 앞에서 쓰러지지 않으려면 모든 것을 새롭게 봐야 했다. 상실감을 피하려면 시간 계획표를 새로 짜야 했다. 봉쇄령이라는 새로운 현실에 적응하다 보니 힘을 쏟아야 할 공간과 쉬어야 할 공간이 구분되지 않았다. 일과 여가가 분리되지 않는 생활이 이어졌다. 시간 배분을 다시 해야 했다. 불면증과 낮의 피로와 싸우다 보니 무기력해졌다.

시간의 흐름을 되찾는 방법, 일해야 하는데 게으름을 피우고 있다는 죄책감에서 벗어나는 방법, 쉬어야 하는데 일을 하고 있다는 짜증스러운 상황을 끝내는 방법은 오직 하나였다. 몇 분이라도 낮잠을 자는 것.

낮잠의 미덕은 무수히 많지만, 그중에서도 하나를 꼽으라면 하루의 흐름을 다시 바로잡을 수 있다는 점이다. 언뜻 모순처럼 들린다. 하지만 의사들은 낮잠을 자는 것은 시간 낭비가 아니라고 입을 모은다. 신경학자들도 거든다. 철학자들도 동의한다. 낮잠을 자는 사람은 자신의 삶을 정성껏 다듬어가는 장인과 같다. 흘러가는 시간을 조각하고 인생을 자신이 원하는 새로운 모양으로 만들어가는 장인이다.

봉쇄령이 떨어졌을 때 낮잠은 좋은 방법이었다. 낮잠은 오전과 오후 사이에 간절히 바라던 정신적인 휴식이자 건강한 회복을 돕는 휴식을 상징했다.

정오의 악마:

사랑에 나이가 따로 있을까?

머리가 희끗희끗해지는 50대 초가 되면 인생을 되돌아보고 싶다는 마음이 생긴다. 사랑, 가족생활, 커리어, 일상과 예상치 못한 사건 등 지금까지 경험해온 것을 떠올린다. 다시는 일어나지 않았으면 하는 불쾌한 경험도 몇 번 해본 나이다. 그러나 당혹스러운 경험은 아직 끝나지 않았다. 그 새로운 경험이 우리의 낮과 밤을 뒤흔든다.

　어쨌든 50대 초까지 버텼으면 인생의 고비를 넘긴 것이다. 인간이 영원히 살 수 있으리라고 믿는 사람들은 실리콘밸리의 괴짜들밖에 없다. 50대를 넘어서면 이미 몸은 삐걱거리고 정신도 깜빡할 때가 있다. 몸과 마음의 한계가 더 빨리 느껴진다. 회복이 필요하다. 소설가 로맹 가리Romain Gary의 표현을 빌리자면, 50대 초반은 우리의 티켓이 여전히 유효한지 묻는 나이다. 몸은 생체리듬의 명령을 따른다. 50대 초반은 인생의 분기점이다.

분기점은 중간 지점이다. 다시 말해, 인생의 전환점이다. 50대에 이르면 삶의 유한성을 강하게 의식하기 시작한다. 세월이 이만큼 흘렀으니, 앞으로 살아갈 날은 그만큼 줄었다. 분기점은 좌표다. 짧은 비극의 교차점이다. 유와 무 사이의 전환점이다.

또한 50대 초반은 지금까지 제대로 살아왔는지 질문해보는 시기이기도 하다. 인생의 철학에 위기가 오면 감정이 흔들리고 예상치 못한 충동이 생긴다. 갑자기 더는 아무것도 알고 싶지 않다는 욕망이 생긴다. 다 알고 있다는 오만한 마음이 일어나면서 쾌락을 추구하게 된다. 우리의 티켓이 아직도 유효한지, 여전히 선택을 할 수 있는지, 사랑은 죽지 않았는지 증명해보고 싶다는 마음에 초조해진다.

이 널뛰는 마음에 붙여진 이름이 있다. 이 감정이 대중적으로 널리 알려지게 한 소설의 제목과 같은 이름이다. 정오의 악마. 1914년, 제1차 세계대전이 발발하기 몇 주 전에 출간된 이후로 '정오의 악마'라는 표현은 여전히 인용된다. 가톨릭 신자인 폴 부르제^{Paul Bourget}가 쓴 이 소설의 제목은 늦게 찾아온 불륜의 유혹을 가리킨다. 어느 중년 남자의 평온한 삶을 뒤흔드는 뜨거운 열정을 가리킨다. 정오의 악마는 아주 젊지도, 그렇다고 아직 늙지도 않은 중년 남성의 몸을 사로잡은 유혹이다.

'정오의 악마'는 아주 오래전부터 사용됐다. 성경의 〈시편〉에도 등장한다.

밤이 주는 공포를 두려워하지 말라.

대낮에 날아오는 화살도 두려워하지 말라.

밤을 배회하는 페스트도 두려워하지 말라.

정오의 악마가 나타나도 두려워하지 말라.*

정오의 악마가 나타날 때 죄책감을 느낄 이들은 수도사들이었다. 한낮에 성경을 읽거나 기도를 하다가 지루함을 느껴 딴생각을 할 가능성이 있는 수도사들을 겨냥해 나온 표현이 '정오의 악마'다. 정오의 악마는 수도사들이 육체적·정신적으로 나약해졌을 때 나타났다. 수도사들은 하루에 한 끼의 식사만 하는 사람들이었으니 쉽게 약해질 수 있었다. 사탄아, 물러가라!

그런데 부르제의 소설에 인용된 '정오의 악마'는 조금 다른 얼굴을 하고 있다. 이 악마는 신자 부르제에게 낮잠을 자라고 부추기는 것으로 끝나지 않았다. 부르

* 《성경》, 〈시편〉 90:5~6.

제를 새롭게 깨어나게도 했다. 정오의 악마는 부르제의 감각을 되살렸고 욕망의 고통 속으로 끌어들였다.

정오의 악마는 중년이라고 해서 인생이 끝난 것은 아니라고 속삭이는 유혹이다. 세월은 이만큼 흘렀지만, 앞으로 살날이 여전히 남아 있다는 깨달음을 주는 유혹이다. 슬픈 영혼들은 정오의 악마를 마음껏 사랑을 불태우라는 신호로만 해석한다. 그렇다면 사랑은, 이 모든 것 속에서 어디에 있는가? 정오의 악마는 무겁게 느껴지고 가슴에 그늘이 드리워진다.

젊음과 순수한 기쁨이 사라진 중년이지만, 한 번 더 사랑의 열정을 불태우면 안 되는 이유라도 있는가? 세상 사람들은 중년이 되면 사랑 따위는 나타나지 않는다고 못 박는다. 중년에는 차를 마시고 잠드는 것이 최고다. 로맹 가리는 캐머마일은 지혜*라고 했다. 지혜는 살아 있는 사람들에게 향기를 준다.

* 로맹 가리, 《새벽의 약속(La Promesse de l'aube)》.

그런데 사랑에 나이가 따로 있을까?

왜 나이 든 사람이 사랑하면 음탕한 이미지로 비칠까? 솔직히, 나는 이 고정관념에 동의하지 않는다. 예전에 할머니가 좋아했던 어느 인기 여가수의 생각에서 영감을 얻은 적이 있기 때문이다. 1960년대 앤마리 카리에르Anne-Marie Carrière가 중년 남성을 위해 작곡한 곡이 있는데, 가사에 이런 내용이 있다.

많이 듣는 질문이 있어요.

남자는 몇 살에 가장 섹시하게 보이냐는 질문이죠.

내 대답은 언제나 '50대의 남성'이었죠.

남자는 모두 음탕함을 지닌 악마랍니다.

그 음탕함 때문에 천국에서 추방된 악마가 남자들입니다.

하지만 모든 연령대의 악마 중에서

가장 좋아하는 악마는 '정오의 악마'입니다.[*]

[*]   앤마리 카리에르, 〈정오의 악마(Le démon de midi)〉, 파리, Fontana, 1967.

당시 사람들의 반응이 어땠을지 상상이 간다. 대중은 놀라 소리쳤을 것이고 교회는 분노했을 것이다. 그러나 나는 카리에르의 고해성사 같은 말이 내 마음을 그대로 표현한 것 같아서 마음에 든다. 사회학도 카리에르의 말이 맞다고 뒷받침해준다. 매년 홀아비나 이혼남 수만 명이 결혼식을 위해 다시 시청을 찾는다고 한다.* 새살림을 꾸리는 것이다. 재혼하는 이 남자들이야말로 정오의 악마가 좋은 것임을, 욕망의 소금이 서로 사랑하는 사람들을 오래 보존해주는 것임을 분명히 보여준다. 우리가 이들의 이야기에서 설렘을 느끼는 이유다. 50대는 앞날이 창창한 나이다. 낮잠이 50대에게 침대 시트를 건넨다.

---

* 국립인구연구소에 따르면 2021년 프랑스에서 20만 6,546건의 결혼식이 이루어졌으며, 그중 3만 8,249건이 홀아비나 이혼한 남자의 재혼이었다.

에피쿠로스의 낮잠:
지루함에 깃든 장점

지루함이란 무엇일까? 정의하기가 참 힘들다. 흔히 사람들은 지루함을 무거운 것, 알 수 없는 불쾌한 것으로 생각한다. 지루함에서 도망치려고 발버둥 치는 사람들도 있고, 지루함을 잊고 싶어 하는 사람들도 있다. 어쨌든, 지루함은 대체로 어느 날 갑자기 우리를 엄습한다.

언론에서 화제가 된 영화를 예로 들어보겠다. 그 영화를 보러 간다. 관객이 하나둘 자리를 찾아 앉고, 실내등이 꺼진다. 영화의 시작은 좋다. 그런데 슬슬 좀이 쑤신다. 예상 가능한 음모, 연기가 불안한 배우들,

진부한 대사. 하지만 같이 온 사람도 있으니 영화가 끝나기 전에는 일어날 수가 없다. 블라디미르 장켈레비치Vladimir Jankélévitch가 말한 대로 "그 시간을 견디기"*가 쉽지 않다. 어쩔 수 없이 시간과의 여행이 2배로 늘어난다.

그렇게 견딘다. 스크린 속 장면들이 계속 깜빡이며 지나간다. 지루함이 엄습한다. 몇몇 장면에서 몸을 비비 꼰다. 눈꺼풀이 내려온다. 눈을 떠보니 어느새 크레딧이 올라가고 있다. 졸음에서 슬슬 빠져나온다. 낮잠 같지 않은 낮잠이다.

지루함이 더 위협적인 상황도 있다. 천천히 엄습해오는 지루함은 시간이 납처럼 무겁게 느껴지게 한다. 시간이 씁쓸하게 느껴진다. 그렇게 서서히 스며든 지루함은 지금까지 이뤄놓은 것을 망친다. 조용한 권태

---

* 블라디미르 장켈레비치, 《모험, 권태, 진지함(L'Aventure, l'Ennui, le Sérieux)》, 1963.

에 사로잡히면 커리어가 망가질 수도 있고 배우자와의 생활이 파탄 날 수도 있다. 지루함은 일상과 익숙한 것의 빈틈을 파고든다. 배우자는 이제 "사랑해요"라는 말을 하지 않는다. 새로운 사람의 손을 잡았을 때 느껴지는 떨림은 도저히 진정할 수가 없다. 그러나 쾌락은 찰나의 순간이다. 쾌락도 일상이 되면 더는 아름다움으로 빛나지 않고 현실의 쓴맛이 된다. 욕망의 유효 기간이 끝났다. 마법은 이제 더는 통하지 않는다.

가장 좋은 것은 한 사람은 눈을 감고, 또 한 사람은 다른 곳을 바라보는 것이다. 그리고 새로운 일이 일어나기를 기다린다. 사람들은 견디기 힘든 지루함에서 잠시나마 벗어나고 싶어 한다. 하지만 그렇다고 낮에 잠을 많이 자버리면 밤에 잠이 오지 않는다. 잠들기 어려운 날이 계속되면 불면증에 빠진다.

그러나 지루함의 말에 귀를 기울이기만 해도 많은

속삭임을 들을 수 있다. 지루함에 귀를 기울이는 순간을 왜 미룰까? 아무 열정 없이 지루한 하루하루를 습관적으로 같이 사는 부부 앞에서 지루함은 부부의 마음에 경종을 울리며 상황의 심각함을 알리고 싶어 한다. 지루함은 그렇게 부부를 돕고 싶어 한다. 한계에 완전히 이르렀을 때 지루함이 찾아온다. 더는 매력이 느껴지지 않을 때 지루함이 찾아온다. "정신 차려, 너 자신을 흔들어! 그 지루한 모습에서 빠져나와!"

지루함을 애써 피하기보다는 받아들여 이해하는 것이 좋다. 지루함에 귀를 기울이면 의외로 놀라운 발견을 할 수 있다. 지루함이 생각과 느낌의 조각들을 합치도록 맡겨보자. 그러면 지루함이 길을 헤매게 된다. 손이 가는 대로 끝없이 작은 동그라미를 그려보자. 종이 위에 신기한 기하학무늬가 생긴다. 반복되는 동그라미가 모여 덩어리를 이룬다. 그리고 비로소 정신이 맑아진다.

졸음은 정신이 우리를 위해 미리 좋은 일을 해주려는 예술이다. 잠을 자는 동안 해마가 활성화된다. 그 과정에서 우리의 잠재의식이 우리가 미처 알지 못한 문제를 곱씹으며 해결책을 찾는다. 잠재의식의 작동으로 반복이 이루어져 새로운 아이디어, 새로운 프로젝트, 놀라운 깨달음이 나올 때가 많다.

왜 지루함 앞에서 혼란스러워하는가? 왜 지루함을 거부하는가? 파스칼이 이를 탁월하게 표현했다.

아무런 열정도, 자극도, 즐거움도, 모험도, 실천도 없이

그냥 가만히 쉬고 있는 상태만큼

인간에게 괴로운 일도 없다.

이런 상태에서 인간이 느끼는 것은

공허함, 허무함, 불만, 불안, 무기력, 우울함이다.[*]

* 블레즈 파스칼, 《팡세》.

지루함이란 도대체 무엇일까? 지루함의 본질은 무엇일까? 답을 찾기 위해 사전을 다시 펼쳤다. 지루함을 뜻하는 프랑스어 'ennui'는 라틴어 동사 'inodiare'에서 나왔다. 라틴어 동사를 쪼개서 어원적으로 분석해보니 'in odio esse(증오의 대상이 되다)'가 'inodiare'로 진화했음을 알 수 있었다.

왜 이토록 지루함을 증오할까? 지루함은 우리에게 아무 짓도 하지 않았다. 그런데 다행이라고 해야 할까. 지루함을 일부러 기르려고 시도했던 시기도 있다.

철학자 에피쿠로스는 기원전 306년에 아테네 북쪽에 있는 정원에 학교를 세웠다. 여기서 배우는 사람들은 '아타락시아ataraxie'를 통해 행복을 찾는 연습을 했다. 아타락시아란 '불편함이 없는 마음의 평정'을 뜻한다. 에피쿠로스의 학교에 다니는 사람들은 남녀 불문하고 편백나무 그늘에서 소박하게 먹었다. 그리고 이 제한된 공간에서 에피쿠로스의 가르침대로 살아갔다. 가르침은 간단했다.

행복하게 살려면 꼭 필요한 최소한의 것으로 살아가라. 욕망
을 억제하라. 정말로 필요한 것이 무엇인지 알아가라. 찰나
의 순간을 담담하게 즐겨라.

이 학교에는 재산, 계급, 성별에 구애받지 않고 누
구나 들어올 수 있다. 주인과 노예들이 어울렸고, 여
자들은 낯선 사람들과 함께 있을 수 있었다.

아타락시아, 그러니까 행복에 도달하는 방법 중 하
나가 휴식이었다. 피로, 지루함, 하품, 무감각은 몸
이 휴식을 필요로 한다는 신호다. 정원의 그늘이라
는 작은 공간에서는 소란한 세상과 거리를 둘 수 있
었고, 모든 유혹을 차단할 수 있었다. 그들은 이런 연
습을 했다. 숨을 천천히 쉰다. 열기가 한풀 꺾인다. 마
음이 편해진다. 이제 더는 세상에 집착하지 않는다.

행복하게 살려면 꼭 필요한 최소한의 것으로 살아가라.
정말로 필요한 것이 무엇인지 알아가라.
찰나의 순간을 담담하게 즐겨라.
_에피쿠로스

자신과 만나는 내면의 여정을 떠난다. 마음이 평온해진다.

에피쿠로스의 제안대로 낮잠은 철학이었다. 시간의 흐름 속에서 우리의 위치를 가늠해보는 방법이 낮잠이다. 우리는 누구인가? 에피쿠로스가 물었다. 별것 아니다. 지루함을 계기로 새로운 만족을 찾아가는 티끌 같은 존재다. 휴식을 취하겠다고 마음먹은 의지를 통해 찰나의 짧은 순간이 성숙해진다.

지루함은 '눈을 뜨고 자는' 낮잠과도 같다.

에피쿠로스는 그리스어로 'epikouros'라고 하는데 '도와주는 사람'이라는 뜻이다. 에피쿠로스는 열정의 덫에 빠져 불행해진 사람들이 마음의 평정을 찾을 수 있게 돕는다. 사람들이 본질로 돌아가 불필요한 유혹에서 벗어날 수 있도록, 그리하여 마음의 평온함을 다시 찾을 수 있도록 돕는다. 프랑스어로 '평온한 상태'를 뜻하는 'tranquille'는 그리스어 'transquies'에서 나왔다. 조용함과 편안함이 찾아올 때 평온한 상태가 된다. 계속 뭔가를 좇으며 괴로워하는 상태를 멈출 때 평온함이 찾아온다.

우리의 본성을 마구 다그쳐서는 안 된다. 그보다는 설득해야 한다. 꼭 필요한 욕망을 만족시키면 우리의 본성을 설득할 수 있을 것이다.*

'꼭 필요한 욕망.' 낮잠도 그중 하나가 아닐까? 현대 사회는 에피쿠로스의 가르침을 무시한다. '벽'으로 경계를 만들라는 에피쿠로스의 가르침과는 반대로 갈 뿐 아니라 거짓 욕망을 강박적으로 추구하고 빈 시간을 무료함으로 생각한다.

현대 사회는 지루함을 좇기 위해 오락을 발명했다.

---

* 에피쿠로스, 《편지, 격언, 문장(Lettres, maximes et sentences)》, 파리, Les Belles Lettres, trad. A. Ernout et J.-L. Poirier, 2024.

오락을 통해 계속 도파민을 추구한다. 항상 연결되려고 하고 바쁘게 시간을 보내고 말초적인 욕망을 추구하느라 정신이 없다. 지루함을 느낄 틈이 없다. 무료하게 시간을 보내는 사람이 있는가? 빈둥거리는 사람이 있는가? 지루함을 조금도 참지 못하고 스마트폰 화면을 스크롤하며 알고리즘이 보여주는 이미지들을 탐닉한다. 심심해지면 시간을 스마트폰에 쓴다.

지루함 자체를 참지 못한다. 겉으로는 언뜻 지루함이 없어 보인다. 이 지루함을 채워주는 것이 가상세계인 것 같다. 쉽게 자극을 추구하는 욕망, 알고리즘 위주의 자극, 보정, 인터넷 서핑만 하며 보내는 시간. 사실은 지루해서 그렇다. 지루함은 항상 주변을 배회한다. 우리가 귀를 기울이지 않더라도 틈만 나면 다시 나타날 것이다. 지루함에 귀를 기울이지 않는 이유는 자기혐오 때문이다. 이를 무시하면 우울증에 빠질 수 있다.

신경외과 의사들에 따르면, 아이가 지루함을 충분히 경험하면 자신의 세계를 이해하고 현재를 상상력으로 물들이며 미래를 살아갈 힘을 기를 수 있다. 지루함은 영혼 깊숙한 곳에서 갑자기 튀어나온다. 우리가 듣지 못하는 잠재의식의 외침이다. "날 내버려둬요." "당신의 생각과 행동을 강요하지 마세요!" 지루함은 경보이자 경고다.

아이들은 지루함을 경험하며 건강하게 성장한다. 게임기가 지루함을 달래주지는 못한다. 그렇다면 어른은? 어른들은 지루함을 통해 마음의 여유를 경험한다. 특별히 목표를 생각하지 않고, 게으름이 아닐까 불편해하지도 않으며, 아무것도 안 하는 것에서 여유를 느낀다.

지루함은 잠과 마찬가지로 우리에게 최고의 친구이자 적이다. 지루함과 잠을 밀어내면 육체적·정신적으로 지친다. 지루함과 잠을 받아들이면 무의식의 이

끌림에 따라 마음이 편해진다. 지루함과 잠은 피하고 싶다고 해서 피할 수 있는 게 아니다.

에밀 시오랑Emil Cioran의 글을 읽어보자.

살면서 유일하게 깊이 해본 경험은 지루함과 마주한 경험이다. 이 세상에는 나를 위한 '채움'과 진정한 의미의 '오락'은 존재하지 않는다.

나는 그 공허함을 넘어섰다.

내가 결코 자살을 할 수 없는 이유다.*

주어진 하루의 시간을 때우는 것이 아니라 자연스럽게 보내는 법을 배우는 것. 작은 것을 포착하는 것. 차분히 앉아 있는 것. 시간의 흐름에 자연스럽게 몸을 맡기는 것….

명상과 빈둥거림은 얼마나 큰 즐거움인지 모른다.

* 에밀 시오랑, 《노트 1957~1972(Cahiers 1957~1972)》, 파리, Gallimard, 1997.

명상과 빈둥거림 안에 집착이란 없다. 군이 오락을 필요로 하지 않는다. 지금의 나 자신에게서 벗어나려고 해봐야 소용없다. 그냥 받아들이면 된다. 있는 그대로, 지금 여기에서, 다가올 우연들을 조용히 기다리며 그냥 마음 편하게 시간을 보내면 된다.

지루함은 마법사와 같다. 공허함을 의미 있는 것으로 바꿔주기 때문이다. 이것이 에피쿠로스가 낮잠을 통해 전하고 싶었던 중요한 교훈이다.

코쿠닝의 우화:

평생 낮잠을 자면서 살 수 있을까?

1994년, 물과 석회암이 오랜 세월 동안 원시 시대의 인류를 보호해준 아르데슈 협곡에서 기적의 동굴이 공개됐다. 이 동굴은 발견한 사람의 이름을 따서 장마리 쇼베Jean-Marie Chaubet라고 불린다. 정부 당국은 여기서 몇 킬로미터 떨어진 곳에 이것과 똑같은 모습의 동굴을 인공적으로 만들었다. 원래의 동굴을 보존하기 위해서다.

매년 50만 명의 관광객이 수백 미터에 이르는 구불구불한 길을 걸으며 인류의 조상들이 남긴 흔적을 발견한다. 진흙에 찍힌 발자국 화석, 인류의 조상들이 불을 피운 흔적, 숯불에 그을린 흔적이 있는 동굴 벽 그리고 생생하게 남아 있는 동굴 벽화. 사자, 올빼미, 말과 매머드의 모습이 담긴 그림이다.

동굴 안에는 척행동물(코끼리처럼 발바닥 전체로 지면을 디디며 걷는 동물-옮긴이)의 뼈가 가득하다. 발뼈와 척추뼈가 보인다. 그리고 석회암 위에는 두개골이 놓여 있다. 여기서 착안해 동굴의 이 부분은 '두개골의 방'으로 부른다. 동굴 속에 살던 곰들은 자취를 감춘 지 1만 년이 조금 넘었다. 곰들과 초기 인류는 강이 가까이에 있는 이 동굴을 보금자리로 삼았을 가능성이 크다. 자세히 보면, 동굴 벽화의 매머드 그림에 발톱 자국이 나 있다. 빙하기 동안에 원시 시대의 곰과 호모사피엔스가 함께 살았다는 증거다. 먼저 곰들이 겨울을 나기 위해 이 동굴에 왔을 것이다. 이후에는 호모사피엔스가 이 동굴에서 잠시 살았던 것 같다.

'동굴'을 뜻하는 프랑스어 'grotte'는 '숨기다'를 의

미하는 그리스어 'crypta'에서 왔다. 동굴은 우리가 만나는 상징적인 장소다. 호모사피엔스가 머물렀던 동굴이 이렇게 잘 보존된 이유는 산사태가 연이어 발생해 동굴 입구가 완전히 덮였기 때문이다. 초기 인류의 흔적을 보존한 이 작은 요람에서 이상하게 위안을 받는다. 우리를 감싸는 공기. 어디선가 들려오는 것 같은 메아리. 서서히 형체를 드러내는 그림자들.

이런 연출은 수천 년 전에도 분명 같은 방식으로 작동했을 것이다. 모든 것이 어우러져 설명하기 힘든 안온함을 만들어낸다. 영원히 머물고 싶다는 욕망, 여기서 멈추고 싶다는 충동. 덫은 이미 닫혔다. 땅의 뱃속 같은 이 동굴 안에서 우리는 마치 자궁 속 태아처럼 웅크린다. 영원하고 평온한 삶이 우리 앞에 펼쳐진다.

자주 일어나는 환상이다. 세상의 떠들썩함으로부터 멀리 떨어진 동굴, 우리를 모든 것으로부터 보호해줄 영원한 동굴 속으로 들어가 버리는 환상. 무엇에도 방해받지 않고 편안히 먹고 자고 며칠을 생각할 수 있는 안식처다. 여기서 행복한 나날을 보낸다. 평생 겨울을 날 수 있고, 준비해둔 식량과 가족 같은 사람들이 주는 사랑이 있어서다. 욕망이 충만하게 채워진다. 더는 긴장하면서 살 필요가 없다. 그냥 잘 지내면 된다.

그러나 코쿠닝cocooning(누에고치처럼 집에서 편히 뒹구는 생활-옮긴이) 개념을 팔려는 마케터들은 따뜻한 안식처인 '동굴'의 개념을 상업적으로 이용하려고 안달이다. 한번 앉으면 일어나기 싫을 정도로 푹신한 소파, 여름에는 뽀송뽀송하고 겨울에는 아늑한 침대, 구름 위를 걷는 기분이 들 정도로 두꺼운 카펫, 보드라운 캐시미어 담요, 음식으로 가득 찬 냉장고…. 초코바와 가공식품을 먹으며 아무것도 하지 않으니 몸에 지방이 낀다. 집 안에서 움직이지 않으면 살만 찐다. 자발적인 감금 생활이다. 나만 신경 쓰면 되는 생활이다. 하지만 아무리 편해도 노예와 같은 삶이다. 이보다 위험한 것은 없다. 동굴은 멀리서 바라볼 때 좋은 것이다.

현대 세계는 우리를 동굴처럼 깊은 곳으로 내몰고 있다. 여행, 비자, 보안 검사가 왠지 귀찮게 느껴져서 어딘가로 가고 싶다는 욕구가 줄어든다. 독재, 전쟁, 긴장으로 얼룩진 세계는 위험한 지뢰밭처럼 보인다. 심지어 태풍, 폭우, 폭염까지 잦아서 어딘가로 떠날 엄두가 안 난다. 기술이 발전하면서 자발적인 동굴 들어가기와 자발적인 감금을 향한 유혹이 끝나나 싶었는데, 아니었다. 사람들은 잠시 몸을 일으키다가 다시 동굴 안으로 들어간다. 인간은 '진보'라는 날개 위에 올라탔지만, 여전히 넓게 펼쳐진 지평선보다 어머니 자궁 같은 곳을 더 좋아한다. 호모사피엔스가 이런 우리를 보면 어떻게 생각할까?

사냥을 하던 원시 인류는 생계 수단을 찾아 몇 주 동안 꼬박 걸었다. 우리가 사는 세상은 세계화로 거리가 좁혀졌다. 인터넷은 국경과 시간의 경계를 허물어 뜨렸다. 클릭만 하면 쉽게 만족을 얻을 수 있다. 심지어 동굴 입구까지 배달도 된다. 우리에게 조금 부족한 것은 흥분 어린 설렘 아닐까? 수천 편의 시리즈가 플랫폼에 펼쳐진다. 탈출의 필요성? 수천 편의 뉴스가 이상한 알고리즘을 타고 편하게 제공된다. 대체물이 밤낮으로 밀려든다. 지겨운 스팸까지.

현대판 동굴 속에서 누리는 안락함이 익숙해지면 다른 곳도 사적인 공간으로만 바라보게 된다. '아파트-방, 방-왕국, 내 집'이라는 도식이 지배한다.

'웰빙'은 섬유 산업, 쇼, 음식, 인테리어 산업에 미래가 있을 것이라고 보는 개념이다. 내가 중심이고, 스마트폰의 모니터 앞이 곧 미래인 세상이다. '이렇게 편안한데 왜 군이 위험을 감수하겠어?', '행복 대신 편안함. 여기서 무엇이 더 필요해?'라는 생각이 우리를 지배한다.

동굴에서 보내는 삶은 미래일까? 겨울잠이 해결책일까?

확실하지 않다. 졸음이 강하게 밀려오면 환상에 빠진다. 2020년 봄 코로나19 팬데믹으로 전 세계가 일시 정지했을 때 우리는 내일과 미래는 더 나으리라고 믿었다. 코로나19 사태는 전 세계가 낮잠을 자던 시기였다고 할 수 있다. 하지만 낮잠 시간은 짧았다. 코로나19는 사라졌지만 최악의 사태가 재연됐다. 전쟁, 인플레이션, 소득 감소에 대한 두려움. 정작 변한 것은 아무것도 없었다.

플라톤이 경고한 적이 있다. 인간은 현실을 외면하고 평화롭게 즐기는 것만으로는 결코 만족할 수 없다고. 플라톤의 동굴 우화는 유명하다. 그 우화를 기억하면 무엇도 잃지 않는다. 동굴에 갇힌 인간은 불빛으로 벽에 드리워진 그림자를 현실로 착각하며 사는 것과 같다.

동굴에서만 사는 인간은 햇빛을 한 번도 보지 못했기에 어둠만 안다. 그런 이들은 막상 동굴에서 나갈 때 갑작스럽게 쏟아지는 햇빛에 눈이 부시는 놀라운 경험을 할 것이다. 갑자기 마주할 현실이 불안하고 두려울 것이다.

자신의 생각, 자신이 좋아하는 것과 싫어하는 것, 자신의 확신과 두려움. 이처럼 자신이 중심이 된 동굴에 갇혀 인생을 보내고 싶다면 플라톤의 말마따나 동굴의 노예처럼 살다가 끝날 수도 있다. 자기 자신에게 묶여 있는 삶이다. 영화 〈매트릭스〉에서처럼, 매트릭스에 연결된 수백만 개의 획일화된 신체를 지닌 연약한 몸이 되어버리는 삶이다. 여기서 인간들은 열과 바이오 전기를 생산해 시스템에 동력을 공급하는 기능만 한다. 헌신도, 손실도, 발견도, 투쟁도, 정복도 없는 삶. 한마디로, 본질이 박탈된 존재다.

평생을 산송장처럼 살 수 있을까? 정신적으로 영원

한 겨울과 긴 밤을 지내는 것, 즉 낮잠과 휴식만 있는 삶을 살 수 있을까? 단언컨대 우리가 정말로 바라는 삶은 아닐 것이다.

빅토르 위고의 장미:

조용한 시간에 보내는 찬사

부모가 된다는 것은 아이를 위하는 법을 배우는 것
이다. 그러니까 아이를 위해서라면 계산적으로 살지
않는 법, 피곤함을 숙명처럼 받아들이는 법, 자아를
내려놓는 법을 배우는 과정이다.

　부모가 된다는 것은 유연해지는 법을 배우고 침착
성을 유지하는 법을 배우며 살아가는 것이다. 그리고
어쨌든 같은 말을 되풀이하고, 낮과 밤에 아이가 필요
로 하는 것을 채워주면서 세월을 보내는 것이다.

　부모가 된다는 것은 내가 낮잠 자는 시간을 즐기는
것이 아니라 아이가 낮잠을 자는 순간을 뿌듯하게 바라

보는 것이다. 잠든 아이를 통해 휴식을 즐기는 것이다.

만년에 손주 다섯을 최선을 다해 키운 후, 할아버지가 되는 예술을 발견한 빅토르 위고^{Victor Hugo}는 손녀잔의 잠을 주제로 한 시집 두 편을 출판했다. 우리의 관심을 끄는 것은 제목부터 '낮잠'인 첫 번째 시다. 시는 다음과 같은 글로 시작한다.

아이가 잠깐 눈을 붙인다.

아이는 어른보다 꿈을 필요로 한다.

이 땅은 아름다움과는 거리가 멀다.

그래서 우리가 하늘에서 왔다!

아이는 천사 게루빔, 아리엘, 친구 퓍, 티타니아, 그리고 요정들을 다시 만나고 싶어 한다.

그리고 신은 잠든 아이의 손을 따뜻하게 해준다.*

---

* 빅토르 위고, 《할아버지가 되는 예술(L'Art d'être grandpère)》, 〈낮잠〉, 1877.

침대에서 잠든 어린 잔 로베, 그리고 그 곁에서 돌봐주는 할아버지 위고가 상상이 된다. 위고는 '빛이 가득한 잠', '열린 낙원', '별들의 길'을 머릿속에 그린다. 아이를 돌보는 능력이 탁월한 위고는 손녀에게 이것이 필요하다고 본 것이다. 아이는 잠든 순간, 세상이 보여주려는 새로운 장면과 두뇌가 주입하려는 정보의 홍수를 잠시 잊는다. 잠든 아이는 현실 세상과 연결을 끊는다. 그 과정에서 몸이 천천히 치유된다.

아이에게는 낮잠이 꼭 필요하다. 갓난아이는 배가 고플 때만 잠에서 깨어난다. 어린이집에서 하루를 보낼 때가 되면 낮잠을 잘 시간이 줄어든다. 아이가 처음으로 걷고 옹알이를 하는 나이다. 잠은 그런 아이에게 도움이 된다. 아이가 잠을 잘 때 두뇌가 쉰다. 휴식 중인 두뇌는 아이가 보고 듣고 느끼는 것을 흡수한다. 잠든 아이의 무의식과 기억은 단단해진다. 잠은 아이의 성장을 돕는다.

아이의 낮잠이 가져다주는 장점은 그뿐만이 아니다. 아이가 낮잠을 자면 부모가 쉴 수 있다. 부모는 아이를 계속 살피고 돌보는 활동에서 잠시 해방된다. 특히 아이가 자면서 조용한 시간을 만끽할 수 있는 이 순간은 기적처럼 찾아온 기쁨이다. '조용한 시간'은 육아를 하는 어른의 인내심에 주어진 보상이다. 어린이집에서도 아이들에게는 낮잠 시간이 필요하다.

휴가 때 온 가족이 모이면 낮잠은 마법과 같은 힘을 발휘한다. 부모는 잠시라도 육아에서 벗어나고자 아이를 낮잠 재우려고 하고, 아이는 1분이라도 더 놀고 싶어서 낮잠을 자지 않으려고 한다. 조용한 시간은 사격 정지, 근무 중 휴식 시간을 알리는 호루라기 소리, 책임감에서 잠시 벗어나는 순간과도 같다.

요즘 시대나 빅토르 위고가 살던 시대나 똑같다.

그리고 어머니는 잠시 한숨을 돌리고 쉰다.

장미 한 송이를 돌볼 기력조차 없을 정도로 지쳤기 때문이다.*

　장미꽃 봉오리의 부드러움과 나른한 피곤함이 어떻게 다른지 그 미묘한 차이를 이해하려면 부모가 되어봐야 한다. 아이를 아무리 사랑해도 아이를 돌보느라 밤을 꼬박 새우면 힘들다. 그렇게 힘들다고 투덜거려본 부모라야 알 수 있다. 아이가 처음으로 열이 났을 때 초조했던 경험, 아이가 걷기 시작했을 때 뿌듯하면서도 혹여 넘어지지 않을까 걱정했던 경험이 필요하다. 어린아이를 키울 때는 정말로 시간이 모자란다. 때로는 삶이 버거울 때도 있다.

　위고는 육아의 딜레마를 알고 있다. 아내 아델과 며느리들을 보면서 경험해봤기 때문이다. 위고는 어머니라는 위치가 얼마나 힘든지 시로 표현한다.

*　앞의 책.

[…] 어머니는 가장 부드러운 목소리로 자장가를 부른다.

신이 준 빛나는 눈을 지닌 아이의 눈꺼풀이 감기도록.

어머니는 기쁨에게, 꽃처럼 만발한 천사에게, 키메라에게

붙여줄 수 있는 가장 부드러운 이름을 찾으며 자장가를 부

른다.

"이런, 깨어났네!" 아이를 보면서 어머니가 말한다.*

약 40편의 시로 이루어진 이 힐링 시집은 그야말

로 혁명이다. 위고가 쓴 희곡 《에르나니 Hernani》와 낭

만주의 소설보다 마음을 강하게 울린다. 위고는 〈낮

잠〉을 통해 어머니가 참고 견딘 고단한 육아와 내심

육아를 힘들게 느끼는 것에 대한 수치심을 드러낸다.

〈낮잠〉은 묘한 구절로 끝난다. 마지막 구절은 어머니

의 본심을 그대로 드러낸다. 어머니도 불완전한 인간

이기에 한계가 있고 두려움을 느낀다는 것을 보여주

* 앞의 책.

는 구절이다.

"이런, 깨어났네!"*

　세상이 시작된 아주 옛날부터 우리 같은 평범한 사람들이 부모가 됐다. 졸업장도, 준비도 없이 말이다. 하룻밤 사이에 우리는 부모로서 해야 할 행동, 아이를 돌보는 법, 절대 해서는 안 되는 실수를 전부 스스로 알아가야 하는 처지에 놓인다. 부모로서 해야 할 의무가 우리의 마음속 깊이 자리 잡고 있다. 부모로서 잘해야 한다는 압박감이 여기저기에서 읽힌다. 사람들의 눈과 여론을 형성하는 신문이 그렇다.

　위고는 잔의 어머니가 썼던 가면을 벗긴다. 아이가 잠에서 깨어나자 어머니가 공포에 질린 채 내뱉은 탄식은 육아에 지친 마음이 보여주는 본심이다. 아이가

* 앞의 책.

낮잠에서 깼으니 다시 일상이 시작된다. 울고 바보 같은 짓을 하는 아이. 위험과 떨림.

두 번의 세계대전 후 페미니즘이 활발히 일어나면서 출산과 관련된 문제들이 드러났다. 주부를 이상화하던 왜곡된 이미지는 사라졌다. 시몬 드 보부아르 Simone de Beauvoir 는 주부를 존재의 망각, 자기 부정, 누구의 아내이자 어머니가 되라는 강요로 해석했다. 유모와 가정교사의 역할만 하면서 스스로 소외된 존재라고 본 것이다. 《기만당한 여자 Femme mystifiée》(1963)의 작가 베티 프리단 Betty Friedan 과 함께 원칙이 구체화된다. 프리단이 쓴 이 에세이는 무수히 많은 여성이 내심 공유하는 감정인 '이름 없는 모성 불안'이 보이는 증상을 추적한다. 이를 뒷받침하는 개념이 생겨났다. 감정 노동, 육아 스트레스, 모성 번아웃. 본능을 건드린 진실이다. 기존에 내려오던 부모의 개념이 흔들린다. 그리고 현재 프랑스에서 열 명 중 한 명 이상의 여성이 공감할 증상이다.

시몬 드 보부아르는 "우리는 여자로 태어나지 않는
다"*라는 글을 썼다. 우리도 부모로 태어나지 않았다.
다만 아이의 도움을 받아 부모가 되는 법을 배운다.
그리고 아이가 낮잠을 자는 덕에 고백할 수 있다. 낮
잠이야말로 모두에게 이롭기에 가장 아름다운 것이
다. 낮잠을 잘 자는 것은 영혼에 장미를 선물하는 것
과 같다.

프랑스 가수 자크 브렐Jacques Brel의 가사가 이를 탁
월하게 표현했다.

* 시몬 드 보부아르, 《제2의 성》, 파리, Gallimard, 1949.

이자벨이 잠을 자면. 모든 것이 멈춘다.
이자벨은 기쁨의 요람에서 잠을 잘 때
장미와 황금빛 봉오리에서
꿈과 놀이를 훔쳐
눈 안에 넣는다.
이자벨은 잠을 잘 때 예쁘다.*

* 자크 브렐, 〈이자벨(Isabelle)〉, 파리, Philips, 1959.

낮잠이라는
반항

이불의 카르마:

달리기만 하면 소용없다. 적당히 자야 한다

인생은 선물이다. 인생은 놀라움과 환멸이 가득한 일상의 선물이다. 인생은 우리에게 줄 것이 아주 많다. 또한 인생은 우리가 기대했던 것을 빼앗거나 숨기기도 한다. 심지어 우리가 후회하게 이끌기도 한다.

　스토아철학처럼 인생을 있는 그대로 받아들이는 사람들이 있다. "인내하고 자제하라." 스토아철학을 만든 에픽테토스의 말이다. 포기는 스토아철학의 일부였다.

　반대로 인생을 있는 그대로 받아들이지 않으려는 사람들도 있다. 모든 것에 갈증을 느끼고 인내심 따위는 없는 사람들이다. 이들은 최대한 빨리 욕구를 만족시킬 방법을 찾는 데 혈안이 되어 있다. 항상 움직이면서 세상을 맛보려고 한다. 이런 사람 한 명을 알게됐다.

우리는 테니스를 함께 치는 사이였고 거의 매주 만나 탁구도 쳤다. 야심가였던 그는 아시아로 향했다. 야심은 오만함의 또 다른 얼굴이다. 그는 아내와 아이들을 데리고 머나먼 아시아의 섬으로 이주했다. 그곳은 에어컨이 설치된 거대한 빌딩으로 가득했다. 그의수입은 10배로 늘었고, 당연히 그의 재산도 불어났다. 그야말로 성공가도를 달렸다. 그의 아내는 기뻐했고 그의 아이들은 성장했다. 그는 고갯짓 한 번으로 전용제트기를 타고 이동할 수 있었다. 그에게는 거칠 것이 없었다.

나는 어느 날, 그를 움직이는 원동력이 무엇인지 물어봤다. 그의 답은 예상과 달랐다. 돈, 권력, 성공이 아니었다. 뜻밖에도 그는 자신을 움직이는 힘이 '두려움'이라고 진지하게 대답했다. 결핍에 대한 두려움, 갖지 못하는 데 대한 두려움이라고 했다.

새로운 느낌, 트렌드가 주는 전율, 인생을 즐길 기회를 놓칠 수 있다는 두려움이었다. 그가 이 증상을 설명하기 위해 사용한 용어가 'fear of missing out'이다. 실험, 정보, 유행하는 이미지, 새로운 트렌드를 놓치면 어쩌나 하는 두려움 말이다. 유행하는 새로운 것을 놓치는 것에 대한 두려움. 'fear of missing out'의 줄임말인 'FOMO'가 인기를 끌었다. 그러니까 이 희한한 두려움이 그의 성공에 원동력이 된 것이다.

그는 현대인이 앓는 신경증에 걸려 있었다. 그 전형적인 증상으로 그는 잠을 적게 잤다. "잠을 잔다고요? 왜 잠을 잡니까? 잠이야말로 시간 낭비인데요! 낮잠이요? 미친 짓이죠."

그는 달리는 데만 집중했고, 정작 자신은 돌보지 않

았다. 국제 금융 용어로 비유하자면, 그는 '좋지 않은 상황'에 갇혀 있었다. 그의 감각은 예전 같지 않았다. 시장 논리라는 것이 존재한다면, 그 시장 논리는 그의 손에서 서서히 빠져나갔다. 그는 점점 돈을 잃어갔다. 시간이 갈수록 점점 더 많은 돈을 잃었고, 거물급 고객들의 신뢰도 잃어갔다.

그는 이런저런 복잡한 감정을 겪었다. 우선은 사태를 부정했다. 이어서 엄청난 수치심이 찾아왔다. 여기에 불안감이 더해졌다. 약 없이는 잠을 잘 수 없었다. 실패를 인정해야 한다는 분노에 이어 슬픔이 찾아왔다. 자신감과 자존감이 꺾였다. 그의 아내는 아이들과 함께 떠나버렸다. 은퇴, 고립감, 우울증이 차례로 찾아왔다.

어느 날, 그가 프랑스로 돌아왔다. 우리는 예전처럼 같이 테니스를 치기 위해 만났고, 테니스로 실컷 몸을 푼 다음 벤치에 앉았다. 그는 라켓을 비스듬히 세워두고 고개를 푹 숙였다. 그의 어깨가 축 처져 있었다. 그런 그는 마치 끊어진 전선처럼 보였다. 그는 이제 더는 욕심나는 것이 없다고 했다. 다만 이따금 불길한 생각에 휩싸인다고 했다. 과거에는 상실과 결핍에 대한 두려움을 느꼈다면, 이제는 삶에 대한 두려움이 생겼다고 말했다.

"왜 살까요? 무엇을 하려고?"

이에 관해 책을 쓰자면 수많은 도서관을 채울 수 있을 만큼 방대한 범위의 질문이었다. 그는 이 심오한 질문을 던지면서 철학적 또는 문학적 비유로 가득한 긴 답변을 내심 기다리는 것 같았다. 하지만 예상치 못한 나의 대답에 그는 깜짝 놀랐다.

"할 것은 아무것도 없습니다."

그는 어리둥절한 표정으로 나를 쳐다보았다. 나는 마치 반바지에 운동화 차림의 부처님이라도 된 것처럼 온화한 미소를 지으며 테니스 공들을 정리했다. 그는 해외에 나가 있는 수십 개의 불상을 수집해 프랑스로 돌아올 때 가져왔다. 불상을 수집하는 그였기에 내 대답을 곱씹으며 진지하게 받아들였다. 그는 불교 창시자가 '깨달음을 얻은 후' 짓는 조용한 미소를 떠올렸다. 불교 창시자는 '열반에 이르려면 우리를 억압하는 욕망에서 벗어나야 한다'고 강조했다.

영원한 것은 없다. 모든 것이 언젠가는 지나가고, 모든 것이 언젠가는 지겹게 느껴진다. 재산과 욕망도 그렇고, 사랑과 인생도 그렇다. 우리는 항상 근사해 보이는 프로젝트, 기적을 가져다줄 것만 같은 탐구, 학문적 성과, 재능 과시에 집착한다. 그러나 삶은 뱀장어처럼 속임수를 쓴다. 인생은 우리 손에 뭔가를 쥐여주었다가 빼앗았다가 하면서 결국에는 기대에 대한 실망, 충족되지 않은 욕망, 빈 몸뚱이만을 남긴다. 정신과 의사들은 이 상태를 '만성 피로 증후군'이라고 부른다. 프랑스 인구의 0.2퍼센트, 미국 인구의 0.3퍼센트가 이런 증후군을 앓고 있다. 본질을 놓치고 살다가 나중에 왜 사는지 모르겠다고 질문하는 것이 만성 피로 증후군에서 자주 나타나는 증상이다.

조상들의 지혜에서 배우자. 부처님이 태어난 네팔의 산봉우리에서 스토아철학이 꽃피었던 고대 정원에 이르기까지, 모든 것의 열쇠는 '집착하지 않는 것'이다. 행복으로 향하는 유일한 길은 우리가 통제할 수 있는 것은 무엇이고 통제할 수 없는 것은 무엇인지 아는 것이다. 우리가 믿을 수 있는 것과 우리가 어쩔 수 없는 것이 무엇인지 아는 것이다. 욕망을 가지면 그 욕망의 덫에 갇힌다. 욕망은, 충족되는가 싶더니 곧바로 다른 얼굴을 하고 새로운 목마름을 느끼게 한다. 안 그런가? 이것이 욕망의 본성이다. 욕망은 우리 안에 머물지 않는다. 욕망은 추상적이고 속임수를 쓰는 신기루에 불과하다.

알베르 카뮈Albert Camus는 욕망을 좇는 부조리한 경주를 비난한다.

인간은 있는 그대로가 되기를 거부하는 유일한 생물이다.*

인간은 어리석기에 천성과 싸운다. 또한 인간은 자신을 잃을 때까지 스스로 갉아먹는다.

기회를 놓칠까 봐 잠을 자는 시간이 아까울 때, FOMO에 사로잡힐 때 피곤함이 엄습한다. 추락의 순간이 머지않았다는 뜻이다.

그래도 좋은 점이 있다. 실패마다 미덕이 있다. 실패를 통해 우리는 자신이 욕망으로 영혼이 파괴될 수 있는 육체의 존재라는 사실을 깨닫는다. 이런 깨달음을 주는 방법이 갑작스럽고 잔인하기는 해도 말이다. 실패의 본성에 귀를 기울이면 몸을 돌보고 진짜 욕망과 가짜 욕망을 구분하며 정말로 필요한 것이 무엇인

---

* 알베르 카뮈, 《반항하는 인간(L'Homme révolté)》, 파리, Gallimard, 1951.

지 생각할 수 있다. 잠깐 낮잠을 자면서 이 끊임없는 흐름에서 벗어나는 방법도 있지만, 이보다 더 나은 훈련, 더 나은 철학적 훈련은 없을까?

집착에서 벗어나야 몸이 회복된다. 휴식은 열정도 독이 될 수 있다고 종을 울리며 경고해준다. 휴식의 종소리를 받아들여야 한다. 과잉 세상에서 한 발짝 떨어져야 한다. 그래야 집착하지 않으면서 희망을 품을 수 있다. 그래야 소유욕에 매몰되지 않고 사는 이유를 찾을 수 있다. 이것이 낮잠이 우리에게 가르쳐주는 철학이다. 존재는 소유로 증명되지 않는다. 욕망에서 거리를 두는 법을 알아야 나답게 존재할 기회를 얻을 수 있다.

낮잠은 본질로 향하는 가장 안전한 방법이다.

레오나르도와 아인슈타인:
낮잠은 천재를 만든다

아이디어는 어떻게 탄생할까? 영감은 어디서 오는 걸까? 왜 섬광이 스쳐 지나간 것처럼 어떤 생각이 번쩍 떠오르는 걸까?

아주 오래전부터 사람들은 천재성의 미스터리를 풀기 위해 노력해왔다. 학자들은 수많은 이론을 만들었고 사상가들은 수십억 개의 개념을 발명했으며 의사들은 수많은 실험동물을 통해 약을 개발했다. 이들 덕분에 감정의 화학, 언어의 수수께끼, 기억의 미스터리는 이미 많이 밝혀졌다. 하지만 영감은 어디서 오는 걸까? 천재는 어디서 영감을 받을까?

깊은 곳을 들여다보려면 시만큼 좋은 것도 없다. 영혼의 언어는 이성을 초월한다. 말의 끝에서 아이디어가 시작되는 것을 종종 볼 수 있다. 다른 위대한 시인에 대해 글을 쓰는 위대한 시인만큼 우리에게 더 도움이 될 사람이 있을까?

빅토르 위고는 망명 시절에 저지섬의 바위에 앉아 셰익스피어에 관한 글을 쓰면서 하루하루를 보냈다. '천재들'이라는 제목을 붙인 장에서 위고는 인간의 뇌를 증류기에 비유했다.

신이 이 멋진 증류기를 발명했다. 그 증류기는 인간의 두뇌다.

신이 인간의 두뇌를 발명한 이유는 이를 사용하지 않기 위해서다.

천재는 완벽한 두뇌를 가지고 있다.

모든 생각이 두뇌를 거친다.

생각은 뿌리의 열매처럼 두뇌에서 솟아오른다.

[…] 뿌리는 땅속으로 들어가고 두뇌는 신의 품으로 들어간다.

땅속과 신의 품이 바로 '무한대'다.*

기교적인 은유는 대규모 실험을 중심으로 하는 과학처럼 엄격하지는 않을 수도 있으나 풍부한 아름다움을 지니고 있다. 두뇌를 증류기에 비유하는 표현은 진실에 다가간 것이다. 우리가 관심을 두는 '천재성의 탄생'에 본질적으로 다가가는 방식이다. 모든 것이 여기서 비롯한다. 문제를 해결하기 위해 들인 시간과 노력이 합해져 증류기의 바닥에 쌓인다. 과정이 시작된다. 모든 재료가 섞이고 천천히 숙성하는 증류기의 원리 같다. 가설을 검증하기 위해 연구가 진행 중이다. 느리지만 진정성을 추구하는 단계로, 증류기 안에 떨어지는 한 방울이 모이는 것과 같다.

* 빅토르 위고, 《윌리엄 셰익스피어(William Shakespeare)》, 파리, Gallimard, Folio Classique, 2018.

술과 천재는 긴장이 미묘하게 풀릴 때 나타나는 산물이다. 즉 노력과 휴식, 압력과 숙성, 물질과 정신의 개념을 중심으로 이루어진 변증법의 산물이다.

이를 분명히 증명한 것이 파블로 피카소^{Pablo Picasso}의 수첩에 적힌 글이다.

영감은 존재하지만, 영감이 영감처럼 되려면 작업이 널 찾아야 해.*

프로 스포츠 선수에게도 적용되는 원칙이다. 테스트를 통과하고 나면, 한계를 극복하고 최고 수준의 유명한 선수들 사이에서 영광스러운 정상에 오르려고 노력한다. 크리스티아누 호날두^{Cristiano Ronaldo}가 보여주는 기적 같은 패스와 멋진 슛은 물집이 잡힐 때까지 땀을 흘리며 열심히 훈련한 결과다.

* 파블로 피카소, 《기록(Écrits)》, 파리, Gallimard, 2021.

지식의 한계에 도전하는 학자도 마찬가지다. 학자는 가능한 한 모든 자료를 읽고 많은 가설을 세우고 실패를 경험한 후에 '아이디어'가 나올 때까지 다시 시작한다. 아이디어를 얻을 때까지 실험을 많이 해야 하기에 시간이 걸릴 수 있다.

레오나르도 다빈치Leonardo da Vinci는 예술과 발명에서 결과물을 내놓기까지 이런 과정을 거쳤다. 전기 작가들에 따르면, 레오나르도는 일하는 시간을 엄격하게 지키고 중간중간에 휴식을 취하는 자신만의 루틴을 만들었다. 그는 하루를 분할해 정해진 시간 동안 잠을 잤다. 5~6시간 일하면 1시간을 쉬었다. 의사들은 이런 수면법을 '분할 수면'이라고 부른다.

이런 휴식은 오래전부터 있었다. 선원 중 4분의 1이 이런 휴식 방법을 사용한다. 스포츠계에서도 흔히 볼 수 있는 휴식 방법이다. 골든볼을 다섯 번이나 수상한 호날두 선수도 분할 수면 방법을 사용했다. 하루에 여러 번 낮잠을 자는 휴식법이다.

피카소는 작업을 하다가 영감이 떠오르면 일단 쉬었다고 한다. 창의성을 발휘한 두뇌에게 휴식 시간을 주기 위해서다. 그는 상상력을 보존하려면 중간에 쉬어주어야 한다고 생각했다.

그렇게 추진력을 아껴야 창의력이 더 뜨겁게 끓어오르게 할 수 있다. 잠깐 낮잠을 자면 마음에 여유라는 공간이 생긴다. 아이디어는 의식에서 무의식으로 퍼져나간다. 비유하자면, 원래 팔레트에 포함되지 않았던 특징의 색상이 결합된다. 아이디어가 자신의 길을 찾아간다. 아이디어를 쉽게 내버려둔다고 해서 그 아이디어를 무시하는 것은 아니다. 여러 생각이 뒤엉킨 두뇌가 쉴 때, 뉴런은 주사위 놀이를 하고 시냅스는 이리저리 쳐보다가 우연히 아이디어가 떠오르고 창의력이 올라간다. "천재가 우연에 일관성을 불어

넣을 수 있는 것은"* 우연에게 기회를 주는 법을 알고 있어서다. 장 도르메송이 프랑스의 작가 샤토브리앙 Chateaubriand을 묘사하며 쓴 표현이다.

잠을 나눠 자며 휴식을 취한 위대한 학자들은 셀 수 없이 많다. 이들의 이름을 목록으로 만들면 이 책 분량만큼 될 것이다. 잠을 자며 생각하기를 잠시 쉴 때 천재성이 갑자기 번뜩인다. 후대에까지 전해지는 이런 천재성이 잠을 자는 과정에서 나왔다는 사실을 아는 사람이 얼마나 될까?

이를 선선히 인정하는 사람이라면 알베르트 아인슈타인Albert Einstein처럼 광기 어린 천재이거나 놀라울 정도로 겸손한 사람일 것이다. 아인슈타인은 의자에서 자다가 꿈을 꿨는데, 그 과정에서 우주의 신비를 꿰뚫게 됐다며 하마터면 자다가 코를 찌를 뻔했다고

* 장 도르메송, 《나의 마지막 꿈은 여러분을 위해서(Mon dernier rêve sera pour vous)》, 파리, J.-C. Lattès, 1982.

했다. 그 순간, 갑자기 모든 것이 분명해졌다고 한다.

베른 연방 사무소의 의자에 앉아 있었다.

그런데 갑자기 사람이 자유낙하를 하면,

자신의 무게를 느끼지 못할 것이라는 생각이 퍼뜩 떠올랐다.

이해가 됐다. 그 생각이 큰 감동으로 다가왔다. 그 생각이 나

를 새로운 중력 이론으로 이끌었다.*

위대한 발견은 이처럼 우연히 떠오른 영감에서 출
발했다. 이전에 해온 작업이 모여 영감의 초석이 됐으
나 그 영감을 탄생시킨 것은 엉뚱한 생각이었다. 아마
도 많은 발견의 길을 열어준 열쇠는 이런 엉뚱한 생각
일 것이다.

프랑스의 수학자이자 과학철학자인 앙리 푸앵카

---

* 알베르트 아인슈타인, 〈상대성 이론의 기본 아이디어와 방법의 발전〉, 뉴욕, JP
  모건도서관. 해당 문구는 라파엘 가야르드(Raphaëll Gaillard)가 쓴 《증강 인간
  (L'Homme augmenté)》(파리, Grasset, 2024)에서 인용한 것이다.

레Henri Poincaré는 이를 이론으로 정리했다. 이 이론은 20세기 초에 우리의 마음이 어떻게 작용하는지에 대한 흥미로운 실험으로 이어졌다. 구체적으로 말하면 직관의 단계에 관한 실험이다.

제1단계는 문제 해결에 앞서 준비하기, 의식적인 작업, 사실과 정보의 축적이다. 문제 해결에 대한 답은 여전히 찾고 있다. 여전히 열망하는 답이다.

제2단계는 생각을 키우는 것이다. 우리가 다른 일을 하는 동안, 그러니까 운동을 하거나 머리를 식히거나 여행을 하는 동안, 무의식이 사실과 정보를 분류한다. 우리의 머릿속 생각을 정리해주는 것이다. 무의식이 하라는 대로 하면 된다. 바로 낮잠을 잘 시간이다.

제3단계는 갑작스럽게 번뜩이는 아이디어다. 천재적인 아이디어가 번개처럼 단번에 떠오른다. 기다린다고 오는 것이 아니다. 자, 우리는 지금 제대로 가고 있다. 아직은 직감에 불과하지만, 거의 느낄 수 있다.

바로 이 지점에서 천재적인 아이디어를 느낄 수 있다. 터널 끝에서 불빛이 보이는 것 같다.

마지막 단계가 남아 있다. 잠시 손을 놓았던 문제를 다시 풀고자 아이디어에 살을 붙이고, 가설을 논리적으로 전개하고, 적절한 표현을 찾고, 공식을 만드는 과정이다. 푸앵카레는 이렇게 결론 내린다.

우리가 증명할 때 사용하는 것은 논리다.

하지만 발명할 때 사용하는 것은 직관이다.*

두뇌의 안쪽에 자리한 회백질은 신진대사를 한다. 이런 일은 어떻게 일어날까?

과학이 발전했어도 모든 것을 밝혀내지는 못했다. 유레카를 외치려면 끊임없이 연구해야 한다. 많은 실험실에서 연구원들은 유레카를 위해 노력하고 있다.

* 앙리 푸앵카레, 《과학과 방법(Science et Méthode)》, 파리, Flammarion, 1908.

유레카를 외칠 날까지 연구팀은 센서를 장착한 수백 마리의 실험용 쥐에게 전자파를 투사한다. 유레카를 외치기 전까지는 미숙한 운전사처럼 헤맨다. 그러다가 마침내 길을 찾게 되고 이후의 과정은 빨라진다. 연구팀은 인간의 뇌에서 회백질을 활성화하는 불씨를 알아냈다.

그러나 천재적인 아이디어라는 기적을 만들어내려면 두뇌를 꽉 채우기만 해서는 안 된다. 직관을 받아들일 '여유 공간'이 필요하다. 생각의 속도를 늦추는 공간, 다시 말해 생각을 짜내는 괴로움과 정신적인 휴식을 통해 아이디어를 만들어내는 여유로움 사이에서 균형을 잡는 공간이다.

낮잠의 커다란 미덕은 과학으로도 증명됐다. 천재적인 아이디어를 만드는 직관에 보이지 않는 손을 내미는 것, 이것이 낮잠의 미덕이다.

뉴턴의 사과:
떨어질 때까지 기다리는 인내심

이 과일을 잘 관찰해보자. 둥근 모양에 위로는 작은 꼬리처럼 꼭지가 튀어나와 있고, 표면은 반들거린다. 감칠맛이 나고 아삭한 식감이 디저트로 제격이다. 과즙과 향긋한 맛이 천상의 즐거움을 선사한다. 이 과일은 아담과 이브의 원죄부터 뉴턴의 중력 이론에 이르기까지 인류 역사에서 가장 예기치 못한 순간을 함께했다.

바로 사과다. 사과가 낮잠과 무슨 관련이 있냐고? 잠깐만 더 들어보자.

예로부터 사과는 잃어버린 낙원과 관련이 있었다.

성경에 나오는 에덴동산에서 아담과 이브는 과거, 현재, 미래를 걱정하지 않고 편하게 살았다. 두 사람은 그야말로 아무런 걱정이 없었다. 필요한 것이 모두 갖춰진 이상적인 정원에서 편히 살면 됐다. 배고프면 실컷 먹을 음식이 있었고 충분히 마실 술이 있었다. 취하면 그대로 자면 됐다. 이렇게 영원히 편하게 살려면 신과 한 약속 하나만 지키면 됐다. 절대로 나무 열매를 따 먹지 않을 것. 성경이 수 세기 동안 여러 언어로 번역되고 이야기에 살이 붙여지면서 이 나무는 사과나무가 됐다. 그 열매인 사과는 선악을 구별하게 해주는 '선악과'를 상징한다.

신은 금단의 열매를 절대로 먹지 말라고 경고했지만, 금지된 것을 향한 욕망은 주체할 수 없을 정도로 강해졌다. 사과를 맛보는 것은 도덕에 저항하는 능력을 보여줌과 동시에 창조주, 생명의 원동력, 사랑의 비밀, 모든 것의 위대한 신비에 의문을 제기하는 능력을 갖추게 되는 일이었다. 사과의 과즙을 마음껏 맛보는 것은 신을 배반하고 모든 것에 의심을 품는 일이었다. 유혹은 어지러울 정도로 강했다. 지식은 새로운 현실을 열어주었다. 지식은 정원의 문을 열었고 세속적인 세상에 접근할 수 있게 해주었다. 사과는 무엇인가를 욕망하는 힘이었다.

정원의 풀밭에서 사자들과 장난을 치거나 뱀으로 목걸이나 팔찌를 만들며 편히 사는 길 대신에,

아담과 평화롭게 도란도란 이야기를 나누는 대신에,

이브는 금단의 열매가 있는 아름다운 나무를 궁금해했고 열매 하나를 따서 맛을 보았다.[*]

이브와 아담은 유혹에 지고 말았다. 그다음 이야기

[*] 뒤크 다르쿠르(Duc d'Harcourt), 〈게으름에 대한 찬사(Éloge de la paresse)〉, 파리, La Revue des Deux Mondes, 1974.

는 잘 알려진 대로다. 타락, 추방, 고통과 후회, 영혼의 상처, 지울 수 없는 낙인. 벌레가 사과 안에 있었다. 사과 속 지식은 공유할 수 있을 만큼 아직 제대로 익지 않았던 것이다.

아이작 뉴턴Isaac Newton과 함께라면 모든 이야기가 뒤집힐 것이다. 이 장면을 상상해보자. 16세기 후반, 예수 탄생 16세기 후에 태어난 영국 학생이 나무 아래서 쉬고 있다. 초원에는 뱀이 없고, 그의 곁에 여인도 없다. 뉴턴은 정결하고 지혜롭다. 볼테르는 그를 가리켜 순수함 자체라고 말했다. 캠브리지대학교를 졸업한 지 얼마 안 된 뉴턴은 고향 마을이 있는 링컨셔에서 며칠을 보냈다. 뉴턴의 모토는 '땅과 신'이다. 뉴턴은 가족 농장, 양 떼, 사과나무 아래의 그늘과 다시 만난다. 그는 누구에게도 기대하지 않고, 어떤 우울한 생각도 하지 않는다. 어쩌면 그냥 아무 생각도 하지 않는 것일 수도 있다. 그저 멍하니 꿈을 꾼다.

뉴턴의 주치의 윌리엄 스터클리William Stukeley가 회고록에서 들려준 에피소드를 소개한다.

날씨가 더워지자 우리는 정원으로 가 몇 그루의 사과나무 그늘에서 차를 끓였다. 대화를 하던 중에 뉴턴이 들려준 이야기가 있다. 오래전에 지금처럼 사과나무 그늘에서 차를 끓이고 있을 때 중력의 개념이 갑자기 머릿속에 떠올랐다는 것이다. 왜 사과는 항상 수직으로 땅에 떨어지는 것일까? 뉴턴은 궁금증을 품었다. 왜 사과는 옆으로 떨어지거나 위로 솟지 않고 항상 지구의 중심을 향해 떨어지는 것일까? 만일 물질이 물질을 끌어당긴다면 양에 비례해야 한다. 따라서 사과가 지구를 끌어당기는 것과 마찬가지로 지구도 사과를 끌어당긴다는 결론이다.[*]

---

[*] 윌리엄 스터클리, 〈아이작 뉴턴의 인생을 떠올리는 기억(Souvenirs de la vie de Sir Isaac Newton)〉, 1752.

나무 밑에서 잠깐 낮잠을 자는데, 사과가 떨어진다. 이 단순한 두 가지 현상이 물리학 역사에 혁명을 일으 켰다.

천재 뉴턴으로부터 멀지 않은 나무에서 사과가 떨 어진다. 그렇게 떨어진 사과는 예상치 못한 즉흥적인 힘을 보여준다. 이 사과는 '노동의 가치'로 대표되는 노력의 미덕과 노력의 결과 찾아와야 할 정당한 보상 을 뒤흔든다.

뉴턴은 낮잠을 자다가 새로운 지식을 발전시켰다. 그렇다면 굳이 열심히 학문을 연구할 이유가 있을까? 뉴턴은 아무런 노력 없이 우연히 중력을 발견했다. 그 는 눈앞에서 확실한 결론을 얻었다. 더 자세히 알아볼 이유가 있을까?

나름의 교훈을 지닌 이야기다. 낮잠에 대한 찬사에 서 끝나지 않고 나에게 영감을 주는 것은 사과의 복수 다. 사과는 지식을 지닌 나무의 열매라는 지위를 되찾는다.

현재 링컨셔 울소프의 저택은 박물관이 됐다. 뉴턴이 자란 방을 둘러보고 뉴턴이 기대고 있던 사과나무를 보기 위해 세계 각지에서 수천 명의 관광객이 몰려든다. 아마 뉴턴이 중력을 발견한 그 사과나무는 아닐 수도 있다. 사과나무의 수명은 100년을 넘지 않는다는 말이 있으니까. 현재 있는 사과나무는 그 유명한 사과나무의 뿌리에서 새로 자란 나무일 것이다. 하지만 뉴턴이 중력을 발견한 역사를 간직한 나무라는 생각은 항상 의미심장하게 다가온다. 사과의 이미지는 금단의 열매에 담긴 저주받은 지식에서 현대 물리학의 혁명으로 변화했다. 어떻게 사과의 이미지가 악에서 선으로 바뀌었을까?

사과의 이미지를 바꾸기 위해 필요한 것이 낮잠이 지닌 순수함일지도 모른다. 낮잠은 정말로 무죄인가? 르네 샤르René Char가 이런 글을 썼다.

만일 인간이 때때로 의지를 가지고 눈을 감지 않는다면, 봐

야 할 것을 보지 못할 수도 있다.*

사과가 주는 교훈이 있다. 오히려 기대를 하지 않을
때 생각지도 못한 결과가 찾아온다는 것이다. 뭔가를
탐구해 찾아야 한다는 긴장감과 뭔가를 성취해야 한
다는 야망에 사로잡히면 제대로 된 발견을 하지 못할
수도 있다. 영광과 성공에 대한 기대가 어긋날 수도
있다. 영광과 성공을 얻기 위해 애써도 원하는 결과를
얻지 못할 수도 있다. 최고의 영광과 성공은 운명처럼
찾아오기도 한다. 예측할 수 없는 것을 받아들일 여유
가 있다면 말이다.

우리가 반드시 배워야 할 교훈이다. 아이디어가 무
르익으면 사과처럼 저절로 떨어진다. 아담과 이브는
금단의 열매를 따지 말고 열매가 떨어질 때까지 참을

---

* 르네 샤르, 《히프노스의 단장(Feuillets d'Hypnos)》, 파리, Gallimard, 1948.

성 있게 기다려야 했다. 유혹을 참지 못한 대가는 추락이었다. 이것이 아담과 이브가 저지른 큰 실수다. 사과가 스스로 떨어질 때까지 기다린 뉴턴이야말로 천재다.

에디슨의 전구:
밤을 다시 음미하다

1879년 12월 31일. 수많은 군중이 뉴욕에서 몇 킬로미터 떨어진 작은 도시 오렌지에 모여들었다. 새해 전날 저녁, 토머스 에디슨Thomas Edison은 동시대 사람들에게 오랫동안 각인될 마케팅 전략을 활용해 발명품을 공개했다. 호기심 가득한 수천 명의 관중이 에디슨의 기적 같은 발명품 발표를 기다리며 빙판 위에서 발을 구르면서 몇 시간을 기다렸다.

칠흑처럼 어두운 밤이 되자 갑자기 발표가 이루어졌다. 400개의 동그란 유리가 교차로와 천재 발명가 에디슨의 실험실을 동시에 비추었다. 에디슨이 발명한 전구는 말 그대로 혁명이었다. 필라멘트와 원형 유리로 되어 있는 전구가 밤을 낮처럼 환하게 밝혔다. 전구의 등장으로 촛불과 가스등의 시대는 하룻밤 사이에 저물었다.

전구에서 네온사인, 램프에서 스크린에 이르기까지 에디슨의 발명은 우리의 삶을 뒤흔들었다. 가정은 전구가 있어서 밤에 일찍 잠들지 않아도 됐다. 공부와 사무실 업무를 더 오래 할 수 있었고, 생산 라인은 24시간 연중무휴로 가동될 수 있었다. 시계가 자연의 리듬을 대신했다. 역사학자 루이스 멈퍼드 Lewis Mumford 는 이런 글을 썼다.

현대의 산업 시대를 연 열쇠는 증기기관이 아니라 시계다.*

새벽이든 깜깜한 밤이든 환한 낮이든, 시간은 유일

* 루이스 멈퍼드, 《기술과 문명(Technique et civilisation)》, 파리, Le Seuil, 1950.

한 기준으로 자리 잡았다. 어둠은 끝났다. 전구의 발명과 함께 전 세계적으로 빛의 도시가 늘어났다. 제철소와 탄광은 늦게까지 작업할 수 있었다. 공장은 밤낮으로 상품을 생산했다. 생산성은 새로운 슬로건이 됐다. 질 좋은 상품을 더 많이 생산해 합리적인 가격으로 내놓는 것은 새로운 종교로 자리 잡았다. 공급을 늘려 수요를 만족시키는 것, 끊임없이 소비주의 괴물을 키우는 것. 멈출 기미가 보이지 않는다.

이것이 가져온 결과는 무엇일까? 이 놀라운 진보에 기뻐해야만 한다. 진화는 기존의 관습을 뒤엎는다. 굳이 위대한 성직자가 되지 않아도 알 수 있는 현상이다. 세계 역사가 산증인이다. 위대한 진보가 이루어질 때마다 항상 기억해야 하는 교훈이 있다. 기름 램프의 불빛은 오염물질을 많이 내보내지 않는다. 가스등의 불빛은 걸어 다니는 길 정도만 비춘다. 에디슨의 전구가 발명되기까지 밤은 온전히 밤으로 남아 있었다.

신화 속 거인 프로메테우스는 인간에게 불을 가져다주기 위해 신들만 사용할 수 있었던 불을 훔쳤다. 프로메테우스의 의지는 강했다. 그는 털도 없고 날카로운 발톱도 없이 맨몸으로 태어난 인간들이 자신을 보호할 수 있도록 돕고 싶었다. 그래서 신들에게 훔친 불을 인간에게 선물로 주었다. 태양과도 같은 선물이었다. 하지만 그 때문에 올림포스 신들의 노여움을 샀다. 프로메테우스는 쇠사슬로 산 정상의 바위에 묶여 날이 밝을 때마다 독수리에게 내장을 파 먹히는 형벌을 받았다. 저녁이 되면 내장이 다시 돋아났고 매일 아침 같은 형벌이 시작됐다.

하지만 에디슨은 무사했다. 사슬이 아니라 황금을 받았다. 형벌이 아니라 칭찬을 받았다. 에디슨의 발명으로 세계가 떠들썩했다. 전구가 인류의 발전에 기여했다는 사실은 반론의 여지가 없다.

하지만 전구의 발명은 엄청난 재앙도 동시에 가져

계속 빛에 둘러싸여 있고
활기가 가득한 세상이 불편해지기 시작한다.
잠을 제대로 못 자면 아무리 많은 물건을 산다고 한들
잃는 것이 더 많아진다.

왔다.

에너지 소비로 오염이 늘어나고 대도시는 빛 공해에 시달린다. 기후 온난화와 함께 해수면이 상승하면서 해안선과 강 근처가 물에 잠길 위험이 있다. 그뿐 아니라 에너지는 선진국과 개발도상국의 격차를 더 벌렸다. 차드, 가나, 니제르에서는 전기가 부족해 도시와 지역이 몇 달 동안 어둠에 갇힐 때가 많다.

야간 작업, 네온사인, 디지털 스크린과 관련된 작업으로 잠이 부족해지면서 몸의 피로가 누적됐다. 에디슨이 발명한 전구 탓에 24시간 생체 사이클이 교란됐다. 인공 빛으로 일과 여가의 경계가 흐려졌다. 작업하느라 힘쓰는 시간과 휴식 시간 사이에 경계가 없어졌다.

현대판 프로메테우스의 불이라고 할 수 있는 전기로 삶이 편안해지고 새로운 가능성이 열렸지만, 그 대신 행복도는 낮아졌다. 늘 빛으로 밝은 상태가 되면 본질이 퇴색된다. 밤에 느낄 수 있는 아늑함, 어둠이 주는 쾌감은 느끼기 힘들어진다. 매일 바깥과 가정의 경계가 조금씩 흐려지고 있다. 계속 빛에 둘러싸여 있고 활기가 가득한 세상이 불편해지기 시작한다. 20세기에 프랑스인은 수면 시간이 하루 평균 1시간 30분가량 줄어든 것으로 보인다. 잠을 제대로 못 자면 아무리 많은 물건을 산다고 한들 잃는 것이 더 많아진다.

영광의 30년 동안 서구는 전속력으로 돌아갔다. 그러나 일찍이 심리학자들은 이런 서구에 불안감이 고조되고 있다고 느꼈다. 1970년대 초 미국 심리학자 허버트 J. 프로덴버거Herbert J. Freudenberger는 의사, 간호사, 병원 임원 등 의료계 관계자들을 강타한 피로증을 묘사하는 '번아웃burn-out'이라는 용어를 만들었다. 지나치게 많은 일, 지나치게 많은 투자, 지나칠 정도로 답답한 가족이라는 제약…. 번아웃은 자기 자신을 태우는 것이다. 내면의 불은 숙주를 먹어치운다.

독수리에게 파 먹힌 프로메테우스의 내장과 같이 되어버린다.

피로가 쌓여 녹초가 된 몸은 앞으로 나아가기 힘들어한다. 그나마 강한 정신으로 버틴다. 하지만 그 의지마저도 한계가 온다. 몸이 기진맥진한 상태가 되고 정신이 무너지면 우울증이 찾아올 수 있다.

프로메테우스가 신들에게서 훔친 불은 인류에게 밝음과 따뜻함을 가져다주었지만, 동시에 전쟁 무기를 만들 수 있게 했다. 에디슨이 발명한 전구는 우리 삶에서 평온함을 일부 앗아갔다. 천재적인 발명가 에디슨은 영원한 안식 속에서 만족을 누리는 반면, 그가 발명한 전구는 사람들을 더 소란스럽고 불안한 상태로 이끌고 빛으로 둘러싸여 잠들기 힘든 밤으로 몰아간다.

에디슨도 이런 결과를 예상했을까?

그가 실험실 구석에 있는 나무판자 위에서 낮잠을

자거나 나무 그늘에서 낮잠을 자는 모습이 찍힌 사진들이 많이 발견됐다. 사실 에디슨은 낮잠을 열렬히 신봉하던 사람이었다. 눈부신 빛의 세계와 보조를 맞추려면 에디슨처럼 낮잠 자는 법을 배워야 할지도 모르겠다.

히프노스와 타나토스:

휴식은 그만한 가치가 있는가?

꼬깃꼬깃하고 낡아빠진 옷을 입었고 코를 찌르는 냄새가 나는 노인. 벤치에 앉은 이런 노인을 마주친다면 어떤 기분이 들까? 아마도 연민을 느낄 것이다. 노인은 아직 살아 있는 것일까? 아직 살아 있다. 노인이 묘한 잠에 빠져들기 전에 잠깐 눈을 떴다. 그는 어떤 꿈을 꾸었을까? 무엇이 기억났을까? 그는 즐거움과 좌절이 교차하는 근사한 삶을 살았을까?

　알베르 카뮈는 이렇게 썼다.

늙어간다는 것은 열정이 연민으로 바뀌는 과정이다.[*]

눈앞에 있는 후줄근한 노인은 욕망, 극심한 고통, 분노로 가득했던 인생이 끝나가는 과정을 보여준다. 노인은 꼼짝하지 않고 소리도 내지 않는다. 노인이 어떻게 살아왔는지 알려주는 흔적이 하나도 없다. 그가 어떤 삶을 살았는지 매우 궁금해진다.

더 말할 것도 없이 나머지는 우리가 책임진다. 동정심이 일어난다. 동정심은 눈에 보이는 연약한 사람의 모습과 우리 자신의 삶 사이에 미세한 선을 긋는다.

연습을 계속해보자. 이번에는 다른 질문을 해보겠다. 누더기 옷에 코를 찌르는 냄새가 나는 젊은 남자가 벤치에 앉아 있다. 이런 젊은 남자를 본다면, 기분이 이상해지기는 해도 아까 노인에게 느꼈던 감정과는 다르다. 동정심이 상대적으로 강하게 일어나지는

[*] 알베르 카뮈, 《수첩 II(Carnets II)》, 파리, Gallimard, 1964.

않는다. 오히려 분노가 치민다. 젊은 사람이 벤치에 앉아 먼 산만 멀뚱멀뚱 바라보고 있다니, 가진 것이 그렇게 많은가? 뭐가 됐든 일을 해야 한다는 생각은 하지 않는 건가?

그런데 이런 감정을 느끼는 것이 타당한 일일까?

피곤이 쌓여 졸리면 정신적으로 힘들어진다. 카뮈가 언급한 '열정의 시대'는 '젊은 시절'을 가리킨다. 열정의 시대에 피로가 일상을 잠식하지 못하게 하는 연습을 할 필요가 있다. 아무것도 하지 않는 것에 죄책감을 느끼지 않는 연습을 해야 한다. 니콜라 부알로도 이렇게 쓰지 않았던가.

서두릅시다. 시간이 빠르게 흘러갑니다. 시간에 끌려갈 수 있어요.*

---

* 니콜라 부알로, 《서신 III, 아르노 씨에게(Epitres, III, A M. Arnauld)》, 1673.

우리는 시간의 흐름 앞에서 불안해진다. 이 불안한 마음은 어디에서 오는 것일까?

시간이 흘러간다. Tempus fugit

이 라틴어 표현은 수많은 시계에 새겨져 있어서 사람들의 머릿속에도 새겨졌다. 강력한 스프링처럼 우리 안에 숨어 있는 표현이다. 시간을 조금도 낭비하지 말고 행동해야 한다고 강요하는 표현이다. 낮잠을 자서는 안 된다, 잠을 적게 자야 한다…. 현대 사회는 늘 움직이고 활동하는 것을 바람직하게 여긴다.

"잠을 적게 잡니다. 전에도 항상 적게 잤어요."에 마뉘엘 마크롱 대통령이 자주 하는 말이다. 그는 "밤새 중요한 서류를 검토합니다"라고 덧붙인다. 마찬가지로 도널드 트럼프 대통령도 "하루에 서너 시간밖에 자지 않습니다. 몸을 뒤척이다가 세상에서 무슨 일이 일어나고 있는지 궁금해 로그인합니다"라는 말을 자주 한다. 20세기 소련에는 이오시프 스탈린이 밤낮으로 사무실에 불을 밝혔다는 전설이 있었다. 국민의 아버지와 같은 자신이 잠을 잘 시간이 없다는 이유로 말이다.

왜 이렇게 잠을 적게 잔다고 선전할까? 이런 바보 같은 짓을 부추기는 이유는 무엇일까? 잠을 자야만 살 수 있다. 모든 사람이 이미 알고 있는 사실이다. 잠은 건강을 위해 꼭 필요하다. 미국의 수면의학 아카데미는 최소 7시간은 자야 한다고 권장한다. 잠을 적게 자면 과체중이 되고, 당뇨병에 걸릴 확률이 높아지며, 주의력·집중력·기억력에 문제가 생기고, 불안을 겪는다. 그런데도 왜 우리에게서 잠을 앗아가려는 분위기가 팽배한 걸까?

잠을 적게 잔다고 잘 사는 것은 아니다. 마크롱과 트럼프 같은 지도자도 슈퍼맨이 아니다. 그런데 왜 잠을 적게 자는 것이 좋다는 신화에 힘을 실어주는 걸까? 마크롱과 트럼프 같은 지도자들은 올림포스산에 사는 신들이 아니다. 그저 인간이고 한 나라의 정상에 오른 시민 대표에 불과하다. 국가 정상도 임기는 정해져 있으며, 국가 정상이라도 피부로 둘러싸인 인간일 뿐이다. 아무리 국가 정상이라도 거짓을 선동해서는 안 된다. 잠을 자지 않으면 건강이 나빠져 병이 생긴다. 잠을 안 자는 것이 결코 미덕은 아니다.

이것이 상식인데도 세상은 거꾸로 돌아간다. 공부를 하는 사람들은 잠을 적게 자야 한다는 생각이 있다. 의사와 정신 신경과 전문가들은 수백 가지 실험을 통해 분명한 결론을 냈다. 수면 전문가이자 신경과학자인 브라이스 파로는 잠자는 사람을 세 부류로 나눈다. 하루 평균 5~6시간 자는 사람들은 '적게 자는 사람', 7~8시간 자는 사람들은 '적당히 자는 사람', 하루에 9시간 이상 자는 사람들은 '많이 자는 사람'이다.

종합 데이터를 기반으로 그는 "진짜 적게 자는 사람의 비율은 전체 인구의 약 7퍼센트이고 많이 자는 사람의 비율은 약 10퍼센트"*라고 봤다.

인구 대부분이 하루에 7~8시간을 자는 셈이다. 자는 시간이 트럼프보다 2배 길다. 이 조사 결과에 모든 전문가, 시간생물학자, 신경과학자들이 안심한다. 잠은 자연스러운 욕구다. 똑바로 자든, 엎드려 자든, 시간을 쪼개서 자든, 일정 시간 동안 쭉 자든 잠은 꼭 자야 한다.

미국 캘리포니아대학교에서 1982~1988년에 100만 명 이상을 대상으로 실시한 또 다른 연구에 따르면,** 적당히 자는 사람들의 사망률이 가장 낮았다. 그런데도 이상한 논리가 여론을 지배한다. 잠을 적게 자는 사람이 존경받고 감탄을 불러일으키는 것이다.

* 브라이스 파로, 《낮잠의 구원》.
** 같은 책에서 인용.

이런 괴리는 어디서 왔을까? 자연의 흐름을 거스르는 이상한 생각은 어디에서 비롯했을까?

그리스 신화에서는 의식을 다룰 때 잠을 죽음에 연결한다. 잠의 신 히프노스^{Hypnos}와 죽음의 신 타나토스^{Thanatos}는 밤으로부터 태어난 쌍둥이 형제다.

시인 헤시오도스^{Hesiodos}는 천지 창조 이야기를 하면서 히프노스와 타나토스를 언급한다.

어두운 구름으로 덮인 밤은 잠의 신을 안고 있다. 죽음의 신에게 쌍둥이 동생이 태어난 것이다. 그곳에는 밤이 낳은 아이들이 있다. 잠의 신과 죽음의 신이다. 태양이 절대로 밝게 비추지 못하는 무서운 신들이다. 잠의 신과 죽음의 신 앞에서 태양은 하늘로 올라가거나 아래로 떨어진다.*

잠과 죽음이 가까운 사이임을 은유적으로 표현하

* 헤시오도스, 《신들의 계보(La Théogonie)》.

는 고대의 변증법을 드러낸다. 시의 내용은 오랜 두려움을 바탕으로 한다. 밤이 되면 위험하다는 두려움이다. 히프노스는 잠을 못 자게 하므로 위험하다. 잠자는 사람은 맨몸 상태와도 같아서 더는 자신을 방어할 수 없다. 타나토스는 아무런 제약도 없이 불쑥 나타날 수 있다. 이들 형제가 손을 잡으면 인간에게는 좋지 않은 일이 생긴다.

앞서의 이야기로 돌아가 보자. 벤치에서 잠자는 노인을 좀 더 가까이서 살펴보자. 이 남자에게 두려운 것이 있을까? 노인은 자신만의 인생길을 걸었고 자신만의 삶을 살았다. 왜 피할 수 없는 것에 맞서 싸워야 할까? 그 노인은 쉴 자격이 있다. 그는 매일 천성대로 살아가는 것이다. 밤에 잠을 적게 잘수록 낮에 졸릴 때가 많다. 노인 앞에 히프노스가 나타난다. 히프노스는 기다리고 머뭇거리다가 쌍둥이 형이 나타날 때쯤 슬쩍 자리를 피한다. 타나토스가 도착하면 노인은 편히 죽을 것이고 마침내 영원히 휴식을 취할 것이다.

노인이 앉았던 벤치에 있는 또 다른 사람은 활기가 넘치는 남자다. 실제로 남자는 두 눈을 감고 마음 편히 푹 잘 수가 없다. 양심의 가책을 받아서다. 남자는 지금 잠을 잘 때가 아니라는 사실을 잘 안다. 벤치에서 마음 편히 잠을 자기에는 아직 너무 젊다. 남자는 흘끔거리는 사람들의 시선을 느끼며, 그들이 등 뒤에서 무슨 말을 할지 예상한다. 젊은 사람이 일은 안 하고 빈둥거린다고 할 것이다. 젊으면 뭐든 할 수 있지 않느냐고도 할 것이다. 그런데도 태평하게 벤치에서 잠을 자는 젊은 남자는 사람들에게 짜증, 걱정, 공포를 불러일으킨다. 남자의 무기력한 몸을 자극할 수 있는 것은 없어 보인다. 열정도 없고, 욕심도 없고, 욕망도 없어 보인다. 그냥 내버려둘 수밖에 없다.

벤치에서 낮잠을 자면서 하루의 일과를 빼먹은 이 젊은 남자는 정상의 범주에서 벗어난 사람으로 취급

받는다. 관습을 벗어난 사람이 된다. 젊은 남자는 자고 싶다는 마음밖에 없다. 그게 전부다. 그렇게 젊은 남자는 우리에게 주어진 가장 소중한 자산이라고 하는 시간을 우습게 여긴다. 시간을 그냥 때우고 싶은 것, 그것이 그 젊은 남자가 일으킨 스캔들이다.

침묵의 소리:

불면증을 반갑게 맞이한다

안녕, 어둠, 내 친구. 너랑 다시 이야기하려고 왔어.

사이먼 앤 가펑클의 유명한 노래 〈침묵의 소리The Sound of Silence〉에 나오는 가사다. 잠을 자던 남자가 악몽에서 깨어난다. 여러 장면이 이어진다. 이 포크송은 불면증을 향한 화려한 찬사다. 폴 사이먼Paul Simon은 불면증에게 말을 건다. 사이먼은 불면증에게 그날 밤의 침묵이 무엇을 의미하는지, 방금 꾸었던 이상한 침묵의 꿈이 어떤 의미인지 묻는다. 불면증은 그의 오랜 친구나 다름없다. 사이먼은 운이 좋다. 모든 사람이 그처럼 불면증을 반갑게 맞이하는 건 아니니 말이다.

새벽이고 정신이 몽롱한데도 잠이 들지 못했던 경험은 누구나 한 번쯤 해봤을 것이다. 그래도 노래 한 곡이 흐르는 동안은 불면증이 참을 만하게 느껴질 수도 있다. 불면증은 때때로 극도의 조급함이나 행복한 흥분으로 자극을 받기도 한다. 그러니 불면증을 반갑게 맞이하며 살아보자. 불면증을 뭔가를 기대하는 힘으로 바꿔보자. 일테면 내일이 빨리 오기를 기대한다거나 하는 것 말이다. 안 될 것도 없지 않은가.

그러나 불면증은 일반적으로 우울하고 불쾌한 것으로 느껴진다. 불면증은 분명히 세계 역사상 가장 많은 사람이 앓는 병에 속한다. 최근의 연구에 따르면 프랑스인 다섯 명 중 한 명은 '일시적 불면증'을 앓고 있다고 호소한다. 일 걱정, 사무치는 외로움, 지병이 불면증을 일으키는 것으로 알려져 있다. 유럽, 미국, 호주 모두 마찬가지다. 특히 불면증에 시달릴 가능성은 남성보다 여성이 1.5배나 더 높다.

불면증이 초래하는 결과는 잘 알려져 있다. 당연히 늘 피곤하고 때로는 좌절감과 우울증에 시달린다. 불면증을 앓으면 삶에 회의가 온다. 이런저런 생각을 하고 이런저런 장면을 떠올리다가 새벽까지 잠들지 못해 괴로워한다.

불면증이 다시 시작될까? 폴 사이먼 없이, 기타도 없이, 가평클의 듀엣도 없이, '침묵의 소리'가 울려 퍼지는 또 다른 밤을 겪어야 할까? 불면증 경험은 몇 주 동안 이어질 수 있고, 가끔은 몇 달 동안 지속될 수도 있다. 직장 문제, 가족 문제, 고민 등 '일시적 불면증'을 일으키는 원인은 크게 중요한 문제가 아니다. 불면증의 원인은 바로 불면증 자체다. 불면증은 자생한다. 자기 마음대로다. 그래서 모든 것을 엉망진창으로 만든다. 밤뿐만 아니라 낮에도 악영향을 준다.

만성 불면증은 떠도는 귀신과도 같다. 밤 없이 이틀

을 연결하는 존재다. 불면증은 영혼을 부수고 갉아먹는다. 우리 입장에서는 불면증을 고치는 방법을 찾고 싶다. 벤조디아제핀, 항우울증 약, 수면제가 한동안 처방될 수 있다. 매년 유럽에서만 1억 개 이상의 불면증 치료제가 판매된다. 인지행동치료^{TCC}와 같은 치료 방법도 있다. 불면증 환자들끼리 교류하는 그룹도 있고 개별 맞춤 조언도 있다. 방법을 수정해 새로운 수면 방법을 발견하기 위한 것이다.

에밀 시오랑은 오랫동안 불면증을 앓았다. 불면증은 낮과 밤의 경계를 허물고 영혼을 피폐하게 한다. 시오랑은 잠이 오지 않는 밤보다 낮을 더 두려워했다. 도시의 분주함, '침묵의 소리'와는 거리가 먼 오락, 숨이 막히고 무거울 정도로 압도적인 현대 문명. 이 성가신 현실 앞에서 시오랑은 통찰력 있는 사유를 하기 위해 집중하기가 힘들었다.

소음 때문에 미치겠다. 우리가 말하는 문명은 소음과 소란을 만들어내는 진원지다.*

불면증에 한 가지 미덕이 있다면 이런 소음에서 벗어난 밤을 음미하게 한다는 점이다. 바깥과 접촉하지 않아도 된다. 우리는 불면증 앞에서 자신을 초월해 진정한 자기 자신과 만난다.

시오랑은 불면증을 안고 살았다. 결국, 선택의 여지가 없다면 불면증의 편에 서기로 했다. 불면증과 싸우는 대신, 불면증이 원하는 것이 무엇인지 궁금해하면서 통찰력을 얻으려고 했다.

나는 한 번도 아이디어를 만들어낸 적이 없다. 항상 아이디어에 사로잡혔을 뿐이다. 내가 어떤 생각을 만들어냈다고 믿는

---

* 에밀 시오랑, 《노트 1957~1972》.

순간에도, 사실은 그 생각이 나를 붙잡아 지배하고 있다.*

　시오랑은 평생 사막과도 같은 기나긴 밤을 여행했다. 그는 침묵이 강요된 기나긴 밤을 살피려고 애썼고, 침대에서 자는 것을 포기하고 기나긴 밤을 관찰했다. 이런 노력 덕에 그는 의식의 깊은 곳을 탐험해 뭔가를 끌어낼 필요가 없었다. 아니, 오히려 불면증을 활용해 아이디어가 떠오르기를 기다렸다. 시오랑은 완전하지 않은 잡다한 생각을 다이아몬드처럼 매끄럽게 다듬으며 밤을 지새웠다.

　나는 불면증이 낳은 작품이다. […] 불행 때문에 지금의 시각을 갖게 된 것은 아니다. 또한 불면증을 불행으로 보지도 않는다. 다만, 스무 살 때 몇 시간 동안 창문에 머리를 대고 캄캄한 밤을 바라보며 뜬눈으로 지새운 나날들로 지금의 시각

*　앞의 책.

을 갖게 됐다.*

시오랑처럼 하면 안 될까? 앞서 소개한 인지행동치료를 신봉하는 여러 심리학자는 잠을 한 가지 방향으로만 생각할 필요는 없다고 말한다.

18세기까지만 해도 시오랑처럼 한밤중에 일어나는 것은 매우 흔한 일이었다. 수면역사학자들은 우리가 두 개의 블록으로 이루어진 '쌍생잠'을 잤다고 말한다. 날이 저물 때부터 자정까지 1차로 잔 후, 밤을 새우다가 새벽에서 아침 해가 뜰 때까지(계절에 따라 시간이 달라질 수 있다) 2차로 잔다. 이렇게 2단계로 잠을 자는 이유는 불안한 시대라서 밤새 야영지를 감시해야 했기 때문이다.

그러다가 한 번에 죽 자는 습관이 점차 자리 잡았

* 앞의 책. 시오랑의 책에 나오는 이 구절은 〈철학 잡지〉 2023년 겨울호(56호) '수면' 편에 인용됐다

다. 그러나 인지행동치료 전문가들과 심리학자들은 교훈을 얻었다. 잠을 못 자는 이유는 불면증 때문이 아니다. 잠이 들지 않을까 봐 불안해하는 마음 또는 한 번에 내리 자지 못할까 봐 걱정하는 마음 때문이다. 걱정은 반사적으로 일어난다. 걱정은 스스로 증식한다. 불면증 환자는 불면증을 생각하는 방식에 문제가 있다. 이 때문에 불면증을 이해하고 그대로 받아들이기가 힘들어진다. 2단계로 나눠서 잠을 잤던 조상들의 방식을 생각해보는 것은 어떨까? 잠을 자다가 깰 수도 있는데, 그런 상황을 오히려 반갑게 맞이할 수는 없을까?

불면증 때문에 몸을 뒤척이다가 토하고 싶을 때도 있었다. 잠을 자려고 별 노력을 다 했으나 아무 소용이 없었다. 밤새 뜬눈으로 뒤척이다가 새벽이 오면 짜증이 났다. 그 끝없는 밤의 여행에서 지칠대로 지쳤다. 하지만 피곤한 이유는 불면증 자체보다는 불면증과의 싸움 때문이다. 불면증이라는 미지의 존재를 기어코 밀어내려고 하다 보니 피곤한 것이다. 그보다는 불면증에게 이것저것 질문하며 귀를 기울이는 것이 낫다. 우리를 피곤하게 하는 불면증을 그대로 받아들이고 우리를 짓누르는 불면증에게 귀를 기울이는 것이야말로 불면증을 치료하는 최선의 방법이다. 밤은 기다릴 줄 안다.

안녕, 어둠, 내 친구.

너랑 다시 이야기하려고 왔어.

게으를 권리 2.0 :

자본주의 시대의 낮잠

오랫동안 누워서 생각했다. 마침내 내가 다른 세상과 멀어지고 있다는 생각이었다. 잠을 자는 동안에는 나 스스로 피신권을 행사한다고 확신했다. 나 자신을 안락의자에 앉히거나 해먹으로 피신시키는 것이다. 모니터, 거실 창문, 주변의 거리에 잠시 관심을 끄는 것이다. 눈을 크게 뜨고 있는 상태가 자본주의 시대에 노골적으로 나타나는 신드롬이다. 깨어 있는 동안에는 항상 연결되어 있다. 연결을 지나치게 강요하는 현대 사회와 잠시 거리를 두는 가장 좋은 방법은 낮잠을 자는 것이다.

잠시 멈춘다. 영감을 받는다. 눈을 감는다. 움직이지 않는다. 숨을 쉰다. 그대로 있다. 보리수 또는 이름을 알 수 없는 커다란 나무의 그늘에서는 무료로 제공되는 공기만 소비한다. 낮잠은 꼭 필요하지만 돈이 들지 않는다. 건강한 몸과 몸을 웅크릴 수 있는 구석의 조용하고 작은 공간만 있으면 된다. 낮잠은 그 자체로 충분하다. 낮잠보다 자연스러운 것이 또 있을까?

다른 것을 포기하는 최선의 방법이 잠자는 것임을 오래전부터 알았다. 몸을 웅크리고 잠을 자면 인위적인 욕망과 거리를 둘 수 있었다. 그 대신 잠을 통해 15분간 게으름을 만끽하며 여유를 즐길 수 있었다. 카를 마르크스Karl Marx의 사위인 폴 라파르그Paul Lafargue는 게으름을 성스럽다고 찬양했다.

게으름이여, 우리의 오랜 불행을 불쌍히 여기소서!
게으름이여, 예술과 고귀한 덕목의 어머니여,

인간의 근심거리를 치료해주는 연고가 되어주소서!*

그런데 이 '연고'는 어떤가? 정말 공짜일까? 연고는
피부 트러블과 통증을 완화해주는 크림 형태의 약이
다. 앞서도 말했듯이, 우리 몸을 가장 잘 고치는 의사
는 우리 몸이다. 이때 낮잠이 최고의 치료제다. 하지
만 라파르그가 언급한 인간의 불안, 연고로 가라앉혀
야 하는 고통은 끊임없이 다시 찾아온다. 우리의 두려
움은 진화한다. 라파르그가 이 글을 쓸 때 가장 관심
을 둔 것은 '배고픔'이었다. 19세기의 노동자들은 빵
이 부족해질지도 모른다는 실존적 공포 속에서 살았
다. 현재도 배고픔에 시달리는 많은 나라가 이런 실존
적 공포에 갇혀 있다. 그와 달리 서구 사회는 음식이
풍부하다. 배를 꽉 채우면서 먹는다. 어쩌면 이들 나
라 공공 기관이 고민하는 지점은 식량 공급보다는 비

* 폴 라파르그, 《게으를 권리(Le Droit à la paresse)》, 파리, Henri Oriol, 1883.

만 문제일지도 모른다.

우선순위가 다르다. 전쟁의 불안감이 곳곳에 잠재하며 여기에 인플레이션, 이민, 소득 감소에 대한 두려움 같은 다른 문제도 있다. 소셜 네트워크는 상대적인 박탈감을 키운다. 다른 사람들의 인생, 비현실적으로 느껴질 만큼 환상적인 휴가, 새 차, 수영장이 있는 집, 호화로운 욕실 등…. 자본주의 세상은 인터넷을 통해 욕망의 대상을 만들어낸다. '필수 아이템'이 꼭 있어야 한다고 주입한다.

자본주의 세상은 어떻게든 우리에게 뭔가가 부족하다는 기분을 느끼게 한다. 이 욕망의 공장은 클릭한 번이면 밤낮으로 작동한다. 불면증이 시작된다. 일상의 모든 순간에, 버스를 기다리는 순간에, 아이를 목욕시키고 잠을 잘 때까지도 음식의 유혹은 계속된다.

세계화로 시공간이 연결되고 그 흐름은 계속된다.

시간은 돈이다. 모니터는 그 자체가 하나의 완전한 구성원, 제3의 손, 제2의 뇌다. 그야말로 모니터는 또 다른 우리 자신이다.

카를 마르크스와 동시대를 산 '수면 판매자'들은 지붕, 불, 잠을 잘 수 있는 조그맣고 네모난 공간을 팔았다. 현재 이들은 사적인 공간, 잠의 공터, 낮잠을 잘 수 있는 축복받은 날씨에 투자한다.

자신만의 공간에서 휴식을 즐기는 코쿠닝은 새로운 삶의 예술로 자리 잡았다. 야외, 해변, 시골, 어디든 좋다. 자신에게 맞는 공간에서 주어진 환경에 맞는 행복을 즐기는 것이 지금의 트렌드다. 내가 행복을 음미할 준비만 되어 있다면, 공간이 좁다는 건 문제가 되지 않는다. 심지어 카펫 아래에도 행복은 존재한다.

늘 시선이 부산스러운 외부로 향하고 다른 사람들의 악몽에 오염되면 정신적인 여유가 줄어든다. 자신만의 윤리가 필요하다. 사회의 폭이 좁아지고 있다.

자신만의 아늑한 공간, 자신에게 향하는 눈, 개인 중심의 이야기, 직접 만날 필요가 없는 가상의 친구들, 디지털을 이용해 자신만의 공간에서도 세상의 트렌드를 선도하는 인플루언서가 좋은 예다.

미국에서 존 F. 케네디가 대통령이던 시절에 사람들이 호기심을 가진 다른 세상은 머리 위에 있었다. 광활한 우주였다. 그런데 지금 우리는 거북이 목을 하고 모니터에 시선을 고정한 채 살아간다. 호기심의 대상이 외부에서 내부로 바뀌고 있다. 이 끔찍한 전환이 수월해지도록 하는 곳이 가정이다.

가정이라는 공간은 이제 자본주의가 마지막으로 정복할 대상이다. 코지cosy(편안함·안락함·포근함을 삶의 최우선 가치로 두는 현대적 생활 방식과 미적 경향-옮긴이) 시대를 맞아 실내 세상의 시대가 열렸다. 이런 세상을 만든 것이 인테리어 건축가들의 전략이다. 실내 건축가들이 설계한 세상에서는 모든 것이 부드럽고 편안하다. 가구가 집 앞까지 배달되기 때문에 굳이 감기에 걸릴 위험을 무릅쓰고 바깥에 나가 사 올 필요가 없는 세상이다.

실내복을 뜻하는 '홈웨어'를 만드는 스타일리스트만 해도 수천 명이다. 이들은 명품 패션 브랜드나 대중 패션 브랜드에 소속돼 일한다. 유행하는 파자마는 다양한 색상으로 나오는데, 동네 빵집에 얼른 다녀올 때도 외출복처럼 입을 수 있을 정도로 세련됐다.

매트리스, 침대보, 이불, 베개 등은 주요 브랜드 사이에서 치열하게 경쟁을 벌이는 품목이다. 소비자 입장에서는 어떤 제품을 구입할지 선택하기 쉬운 세상이다. 여러 브랜드의 사이트를 방문해 가격을 비교한다. 휴식 시간이 쇼핑 시간 앞에서 희생된다. 탄력 있는 스프링과 폭신함을 갖춘 침대는 목, 손, 발을 따뜻하게 하는 동시에 신체의 중심 부위를 시원하게 해주는 센서로 가득 차 있다. 매트는 알레르기를 유발하

연결을 지나치게 강요하는
현대 사회와 잠시 거리를 두는
가장 좋은 방법은
낮잠을 자는 것이다.

지 않는 소재로 되어 있다. 베개는 나의 잠자는 형태를 기억한다. 겨울용 이불은 땀을 흡수하지 않는 소재이고, 여름용 이불은 공기가 통할 수 있게 되어 있다. 잠자리에 들 준비를 할 때 방 안의 불빛도 은은하게 조절할 수 있다. 침대 머리맡 탁자 위에 놓인 휴대전화에는 앱이 내장되어 있어서 원하는 휴식 방법을 분석하고 알람을 기록하며 다음 날 일찍부터 소중한 조언을 해준다.

여기서 기존의 개념을 깨보자. 카탈로그 속 상품은 종류가 참 많다. 수면을 상품화한 브랜드들은 추억의 장소 모래사장의 세계를 식민지로 삼았다. 수면 상품을 파는 브랜드들은 새로운 게으름의 개념을 제안했고 낮잠을 개인의 라이프스타일로 만들었다. 수면 업계는 카를 마르크스의 사위가 한 말과는 반대로 했다.

다시 본론으로 가보자. 7억 명(7억이나!)을 분석한 연구에 따르면, 세계는 수면 딜레마에 빠져 있다.* 재앙에 가까운 결과다. 조사를 한 주체는 누굴까? 수백만 개의 베개와 침대 시트를 샅샅이 조사할 정도로 수면에 관심이 많은 이는 누구일까? 당신도 아는 이름이다. 개인별 데이터를 축적해놓아 엄청난 존경을 받고 있다. 바로 한국의 기업 '삼성'이다!

삼성이 커넥티드 손목시계와 휴대전화로 수집한 데이터에 따르면 확실히 요즘 사람들은 잠을 덜 잔다. 언론이 상황이 심각하다고 보도했는데, 삼성은 내심 기뻐한다. 이런 상황 자체가 이미 설계된 것이기 때문이다. 라파르그가 한 말 중에 유명한 것으로 '인간의 불안'이 있다. 인간은 불안하면 치료제를 찾는다. 이것이 감성 마케팅이다. 모든 비즈니스 스쿨에서 가르치는 기법이다.

---

* 삼성은 7억 1,600만 밤 동안의 수면 질을 분석했으며, 이 기사는 2023년 3월 11일 심심 스위스 뉴스 사이트에 실렸다.

한편, 공포 마케팅은 아주 간단한 표준 상황과 전형적인 구조를 기반으로 한다.

1. 잠재적인 현상을 식별하기.
2. 미디어를 통해 상황을 전하며 두려움을 불러일으키기.
3. 관련 주제의 연구를 중요한 것으로 만들기.
4. 상황을 헤쳐나가는 데 필요한 제품을 제시하기.

삼성이 수면 코칭 앱을 마케팅하는 방법이다. 제약회사가 수백만 상자의 의약품(마그네슘, 천연 오일, 수면제 등)을 마케팅하는 방법도 마찬가지다. 이처럼 우리의 밤잠을 매력적인 시장으로 만들기 위해 모두가 경쟁한다.

그럼에도 해결책은 잠에 있다. 돈이 들지 않고, 쉽고, 연결을 끊어도 효과는 계속된다. 밤들을 회복시키는

데 필요한 것은 그저 낮잠 하나다. 20~30분 정도 눈을 붙이면 하룻밤을 보충할 수 있고, 1시간을 쉬면 하나의 수면 주기(깊은 잠과 렘수면)를 온전히 되찾을 수 있다.

'게으를 권리'는 아직 헌법에 명시되어 있지 않지만, 우리의 체질에는 분명히 새겨져 있다. 그것은 우리 본성의 가장 깊은 곳에서 들려오는 부름이며, 불필요한 욕구들로부터 스스로를 해방하라는 초대다. 특별한 경우를 제외하고, 밤잠을 잘 잘 수 있게 해주는 유일한 '치료 연고'는 언제나 낮잠이다. 낮잠보다 나은 코치는 없다.

마케팅에 속아 잠조차 디지털로 해결하려는 사람은 생물학적으로 기능이 저하된 인간이다. 태곳적부터 잠은 알아서 기적을 행했다. 브랜드들은 우리가 수면 문제의 해법을 스스로 찾을 수 없으리라는 생각에 빠지기를 바란다. 우리는 정말로 자기 자신으로 머무를 능력, 다시 말해 인간으로 님을 능력을 잃어버린 걸까?

중국식 낮잠:

우주의 자연 질서

겉만 봐서는 안 된다. 남들이 다 그렇게 말한다고 해서 그냥 믿어서도 안 된다. 라틴 스타일의 낮잠 하면 편백나무 그늘에서 쉬는 휴식을 떠올린다. 하지만 이는 하나는 알고 둘은 모르는 얘기다. 나무 그늘에서 쉬는 휴식은 라틴에서만 하는 것이 아니다. 지중해를 넘어 다른 곳에서도 이런 휴식을 한다. 특히 중국이 그렇다.

지난 수십 년 동안 중국은 세계의 공장이었다. 중국은 모든 사람에게 필요한 온갖 제품을 공급하는 나라로 부상하면서 미국의 경쟁국이 됐다.

그런데 중국의 저력은 무엇일까? 중국 모델의 비결은 무엇일까? 역동적인 중국의 중심부에 무언가가 있다. 자세히 들여다보면 서구권 기준에서는 역설적으로 느껴질 수 있는 점이다.

중국에서는 매일 식사 시간이 끝나면 수억 명이 으레 하는 습관이 있다. 자리를 잡는 것이다. 줄을 서기 위해서가 아니라 편히 눕기 위해서다. 낮잠 잘 시간이기 때문이다. 연구에 따르면 중국인은 평일 기준으로 평균 9시간 가까이 잔다. 유럽인보다 많이 잔다.

중국에서 낮잠은 법으로 정해져 있기까지 한 관행이다. 중국어로 '午休(오휴)'는 정오가 되면 잠을 잘 수 있는 권리를 말한다. 점심시간이 끝나고 바로 잘 수 있다.

개정 헌법 제43조는 사실상 '중화인민공화국의 노동자들은 휴식을 취할 권리가 있다'라고 규정하고 있다. 법으로 정해진 것을 감히 누가 거스를 수 있겠는

가. 중국 전국에 적용되는 법이다. 공장, 밭, 도로변, 가게도 예외는 아니다. 중국은 30분간 멈춘다.

실제로 중국은 공식적으로 '낮잠의 나라'다. 낮잠은 법으로도 보장받는 권리다. 그런데 이야기는 여기서 끝이 아니다.

식후에 낮잠을 자는 것은 오래전부터 뿌리내린 관습이다. 식사를 마치고 낮잠을 자는 것은 중국의 전통이자 문화이며 사회 가치다. 낮잠은 전체 속에서 개인의 자리를 찾는 표현 방식이다. 정오의 휴식은 위대한 우주의 질서이며 조상의 지혜에서 나온 도교 사상의 일부다. 도교의 법칙을 따르는 것은 잠시 의지를 접고 하던 행동을 멈추는 것이다. 급하게 처리해야 할 문제가 있더라도 일단 제쳐두고 우주의 질서에 합류한다. 이런 철학 속에서 자란 중국인 노동자는 책상 위나 공장 한구석에서 낮잠을 자거나 미리 준비한 돗자리에 눕는다.

중국인 노동자의 생체 사이클은 세계에서 권장하는 생체 사이클과 똑같다. 중요한 것은 오로지 전반적인 조화와 균형이다. 하나만 제대로 해도 모든 것을 되찾을 수 있다. 잠시 눈을 붙이며 낮잠을 자는 시간은 노동자에게 꿀맛 같은 휴식 시간이다. 그렇게 노동자는 쉬면서 위대한 자연의 질서를 따른다. 낮잠이라는 휴식 속에서 노동자는 몸을 재충전하고 필요한 에너지인 '기氣'를 받는다. '기'는 존재들을 연결해주는 에너지를 말한다.

'낮잠'은 다시 찾아온 평온의 시간이다. 낮잠을 통해 복잡한 머리와 흥분된 마음을 가라앉히고 몸의 피로를 푼다. 낮잠은 작은 미덕이다. 이런 낮잠은 음(어둠, 수동성)과 양(기력, 행동, 빛) 사이에서 균형을 다시 찾아준다.

중국인 노동자에게 낮잠은 단순히 도교의 원칙이 아니라 생산성을 얻는 방법이기도 하다. 매우 타당한 얘기다. 낮잠은 효율성을 높이는 휴식이라는 점에서 매우 쓸모 있다. 낮잠은 다음 단계로 가는 발판이 되어준다. 아주 옛날부터 낮잠이 휴식의 방법으로 사용됐다는 것은 그만큼 장점이 많다는 뜻이다. 조상들이 남긴 휴식 모델은 현재 수백만 명의 경영자에게 영감을 주었다.

일본에서는 낮잠을 '잠을 자면서도 존재하는 상태'라는 의미로 '이네무리居眠(앉은잠)'라고 한다. 언뜻 묘하고 역설적인 표현으로 들릴지도 모르겠다. 의식을 하면서 잠이 든다? 실제로 이네무리는 잠시 중단했을 뿐 포기하지 않은 상태, 모든 사람이 보는 앞에서 공식적으로 취할 수 있는 휴식을 뜻한다. 사무실 책상 위에 엎드리거나 의자에 앉아서 잠깐 자는 낮잠이다. 잘 쉬어야 다시 일을 잘할 수 있다는 맥락에서 취하는 휴식이다.

미국에서는 낮잠을 '파워 냅power nap'이라고 부른다.

그러니까 '에너지를 주는 낮잠'이다. 지난 수십 년 동안 미국에서 파워냅은 사무실과 가정에서 트렌드로 자리 잡았다. 미국 NASA도 낮잠이 효과적임을 입증했는데, 2015년 연구에 따르면 5~20분 정도 낮잠을 자면 생산성이 최대 35퍼센트 높아진다고 한다!

낮잠이 생산성을 키우는 장점만 있는 것은 아니다. 웰빙을 가져다주는 장점도 있다. 강도 높은 업무, 성과 중심의 스케줄, 치열한 경쟁 때문에 생기는 스트레스를 관리하는 데 도움을 주는 것이 낮잠이다. 낮잠은 긴장을 조절하는 역할도 한다. 중국에서 낮잠이 합법적으로 인정받은 게으름이자 휴식인 이유다. 휴식은 흐름을 잠시 끊는 방법이다. 눈을 감으면 나머지는 일단 중단된다. 정신이 맑아진다. 낮잠보다 더 편안한 휴식이 있을까?

중국의 강력한 정부는 온 국민이 낮잠을 실천하게 할 수 있다. 그리고 낮잠은 그것을 실천하는 이들에게 언제나 이롭다. 폭군들은 깨어 있고, 지배받는 자는 힘을 회복한다. 그렇기에 낮잠은 정치적인 것이기도 하다. 이름은 따로 없지만, 회복탄력성과 비슷하다. 수동적 저항은 꿈을 양분으로 삼고, 적극적 저항은 요구사항을 분명히 표현한다. 아무것도 아닌 듯한 이 짧은 시간, 하루 몇 분에 불과한 이 순간은 별것 없어 보인다. 겉으로는 별것 아닌 것 같지만, 보기보다 원대한 철학을 품고 있다. 파워냅일까, 아니면 냅파워일까? 낮잠의 힘. 이것이 이 책이 전하고 싶은 메시지다.

참고 문헌

- 앤드루 테일러 스틸(Andrew Taylor Still), 《앤드루 T. 스틸의 자서전(Autobiography of Andrew T. Still)》, 커크스빌, 미주리, 1897.
- 이브 로베르(Yves Robert) 감독, 〈행복한 알렉상드르(Alexandre le Bienheureux)〉, 1968.
- 쥘 르나르(Jules Renard), 《쥘 르나르의 일기(Journal de Jules Renard)》, 1898년 10월 1일.
- 알랭(Alain), 《어록(Propos)》, 파리, de la Nouvelle Revue française, 1920.
- 다니엘 페낙(Daniel Pennac), 《독재자와 해먹(Le dictateur et le hamac)》, 파리, Gallimard, 2003.
- 브루노 콤비(Bruno Comby), 《낮잠 예찬(Éloge de la sieste)》, 파리, TNR, 2004.
- 노자, 《도덕경》, 파리, Albin Michel, 1984.
- 니콜라 부알로(Nicolas Boileau), 《시론(L'Art poétique)》, 파리, Imprimerie générale, 1872.
- 블레즈 파스칼(Blaise Pascal), 《팡세》, 파리, Le Livre de Poche.

- 《성경》,〈시편〉 90:5~6.
- 로맹 가리(Romain Gary),《새벽의 약속(La Promesse de l'aube)》, 파리, Gallimard, 1973.
- 앤마리 카리에르(Anne-Marie Carrière),〈정오의 악마(Le démon de midi)〉, 파리, Fontana, 1967.
- 블라디미르 장켈레비치(Vladimir Jankélévitch),《모험, 권태, 진지함(L'Aventure, l'Ennui, le Sérieux)》, 1963.
- 에피쿠로스(Épicure),《편지, 격언, 문장(Lettres, maximes et sentences)》, 파리, Les Belles Lettres, trad. A. Ernout et J.-L. Poirier, 2024.
- 에밀 시오랑(Emil Cioran),《노트 1957~1972(Cahiers 1957~1972)》, 파리, Gallimard, 1997.
- 빅토르 위고(Victor Hugo),〈낮잠(La sieste)〉,《할아버지가 되는 예술(L'Art d'être grand-père)》, 1877.
- 시몬 드 보부아르(Simone de Beauvoir),《제2의 성(Le Deuxième Sexe)》, 파리, Gallimard, 1949.
- 자크 브렐(Jacques Brel),〈이자벨(Isabelle)〉, 파리, Philips, 1959.
- 알베르 카뮈(Albert Camus),《반항하는 인간(L'Homme révolté)》, 파리, Gallimard, 1951.
- 빅토르 위고(Victor Hugo),《윌리엄 셰익스피어(William Shakespeare)》, 파리, Gallimard, Folio Classique, 2018.
- 파블로 피카소(Pablo Picasso),《기록(Écrits)》, 파리, Gallimard, 2021.
- 장 도르메송(Jean d'Ormesson),《나의 마지막 꿈은 여러분을 위해서(Mon dernier rêve sera pour vous)》, J.-C. Lattès, 1982.
- 알베르트 아인슈타인(Albert Einstein),〈상대성 이론의 기본 아이디어와 방법의 발전〉, 뉴욕, JP모건도서관, 1920.

- 앙리 푸앵카레(Henri Poincaré), 《과학과 방법(Science et Méthode)》, 파리, Flammarion, 1908.
- 뒤크 다르쿠르(Duc d'Harcourt), 〈게으름에 대한 찬사(Éloge de la paresse)〉, 파리, La Revue des Deux Mondes, 1974.
- 윌리엄 스터클리(William Stukeley), 〈아이작 뉴턴의 인생을 떠올리는 기억(Souvenirs de la vie de Sir Isaac Newton)〉, 1752.
- 르네 샤르(René Char), 《히프노스의 단장(Feuillets d'Hypnos)》, 파리, Gallimard, 1948.
- 루이스 멈퍼드(Lewis Mumford), 《기술과 문명(Technique et civilisation)》, 파리, Le Seuil, 1950.
- 알베르 카뮈(Albert Camus), 《수첩 II(Carnets II)》, 파리, Gallimard, 1964.
- 니콜라 부알로(Nicolas Boileau), 《서신(Epitres)》, 1670~1698.
- 브라이스 파로(Brice Faraut), 《낮잠의 구원(Sauvés par la sieste)》, 아를, Actes Sud, '건강에 대한 질문 편', 2019.
- 헤시오도스(Hésiode), 《신들의 계보(La Théogonie)》.
- 사이먼 앤 가펑클(Simon and Garfunkel), 〈침묵의 소리(The Sound of Silence)〉, Columbia Records, 1964.
- 폴 라파르그(Paul Lafargue), 《게으를 권리(Le Droit à la paresse)》, 파리, Henri Oriol, 1883.

〈블레넘 궁전에서 낮잠을 자고 있는 말버러 공작부인〉, 폴 세자르 엘뢰, 19세기 말

신은 우리에게 낮잠이라는 선물을 주었다

제1판 1쇄 인쇄 | 2026년 3월 11일
제1판 1쇄 발행 | 2026년 3월 18일

지은이 | 세바스티앵 스피처
옮긴이 | 이주영
펴낸이 | 하영춘
펴낸곳 | 한국경제신문 한경BP
출판본부장 | 이선정
편집주간 | 김동욱
책임편집 | 남궁훈
교정교열 | 공순례
저작권 | 백상아
홍보마케팅 | 김규형·서은실·이여진·박도현
디자인 | 이승욱·권석중

주   소 | 서울특별시 중구 청파로 463
기획편집부 | 02-360-4556, 4584
홍보마케팅부 | 02-360-4595, 4562   FAX | 02-360-4837
H | http://bp.hankyung.com   E | bp@hankyung.com
F | www.facebook.com/hankyungbp
등   록 | 제 2-315(1967. 5. 15)

ISBN 978-89-475-0248-1 03100